ルーテル教会の信仰告白と公同性

神学的自伝

石田順朗 著

LITHON

石田順朗 博士（1928-2015 年）

目　次

補　遺

まえがき

前作『神の元気を取り次ぐ教会——説教・教会暦・聖書日課・礼拝』の編集最終段階に重なって、日本福音ルーテル教会、定期月刊機関誌『るうてる』に、二〇一三年五月号より一年間の連載寄稿、宗教改革五百年へむけてのコラム「牧会者ルターに聴く」を書き始めた。その都度、親しい方々の助言も戴いた。その間、本シリーズも一冊にまとめては、との励ましを受けていたのが、直接的な著作動機。

それに、かねてより、受按還暦を迎えるに当って（二〇一五年）、牧師、神学者としての生活のほぼ三分の二にも及ぶスイス・ジュネーブ、米国・シカゴ、その他への出向を振返って、神学的自叙伝風な記録をまとめたいと念願していた。

手法としては、組織神学的にではなく、あくまでも。「体験学習的枠組み」（私自身の実体験）に絞って、そこに徹したいと心掛けた。

世は挙げて、宗教改革五百年の記念の年（二〇一七年）を待ちわびる。

一九六七年に宗教改革四五〇年祭を（当時、東ドイツの）ヴィッテンベルク市で祝い、一九八〇年には『アウグスブルク信仰告白』四五〇年記念行事をアウクスブルク市で、家族揃って祝った。同年八月にはまた『一致信条書』編纂四〇〇年記念行事として、オーストラリアのアデライド市での記念講演者の一人として参与できた幸いを回顧する。

宗教改革五百年記念祭は、妻グロリアとともに〝還暦した〟日本福音むさしの教会で、静かに迎えることになる。

（編集部注記。石田先生のパソコンには、二〇一五年八月二九日作成のファイルが保存されていた。そこには、箇条書きのメモであるが、「まえがき（書きたいこと）」の草稿があり、先生の著作の意図が明らかなので一部を使用させていただいた。）

一章　ルーテル教会の公同性

——戦後日本の各派ルーテル教会

戦後、京都での学生生活時代、親戚の紹介で、当時、日本福音ルーテル京都教会の岸千年牧師（一八九八～一九八九年）に出逢った。そのことがわたしのキリスト教信仰生活の一大転機になったことは、ことある毎に表明してきたところであり、本書においても、しばしば、必要に応じて引き合いに出すことになろう。

日本のキリスト教諸派は、一九四一年、軍部の圧力で合同し、日本基督教団となった。各派の独立性はある程度残され、ルーテル教会は第五部とされた。神学校も一つにされ、東京の中野区鷺宮にあった日本ルーテル神学校は、日本基督教団東部神学校に組み入れられた。

一九四五年の日本の敗戦によって、宗教、思想の自由が回復し、ルーテル教会も、その独自性を貫くために、一九四七年、日本基督教団を離脱することになった。それとともに、神学校も東部神学校から離れ、戦時中、陸軍に接収されていた鷺宮の校舎の返還を受け、一九四八年、再建されることになった。

このとき、岸千年牧師を校長として再開された日本ルーテル神学校入学を、わたしは、もちろん京都教会から志願し、一九四九年、第一陣の入学生七名に加えられた。そのとき、わたしは二十一歳であった。


歴史的なことは詳述しないが、神学生となったわたしは、早速アルバイトの一つに、構内の奥まった宣教師館に単身居住のA・J・スタイワルト宣教師の「走り使い」を始めた。

スタイワルト先生は、一八八一年の生まれ、宣教師として来日したのは、一九〇五年、弱冠、二十四歳であった。この頃、ルーテル教会の伝道の中心地は熊本であったので、先生も熊本に定住し、この地に神学校を造ろうと奔走、自宅を「路帖神学校」開校の相談の場に、それに開校(一九〇九年)当初二年間は仮校舎として提供されたのである。

第二次世界大戦中、スタイワルト先生も、アメリカ人宣教師として、国外退去を余儀なくされた。しかし、終戦後の一九四六年(昭和二一年)、先生は、早くも来日されたのである。そのとき、六十五歳。その後、新しく海外のルーテル教会が、宣教師を続々と日本に送り、多彩な伝道が開始された。

スタイワルト先生は、日本ルーテル神学校の校内に居住していたが、一九五〇年、戦後のルーテル諸派の伝道協力を目ざして、日本福音ルーテル教会と七つのルーテル諸派ミッション団体の代表(記録では二三名）を招いて懇談会を開いた。その際、わたしは、準備の手伝いで駆け回った。そのため、集まった国内と海外からの先生方との出会いが次々に起こり、その後の、わたしの働きに結びついた。

ここで、「全ルーテル自由協議会」が創立され、理事会開催時には、書類などを届けたり、さまざまな連絡の役目も仰せつかり、一度は昼食に招かれるという特典にも与ったしだい。岸千年先生、青山四郎先生に並んで、Ｏ・ハンセン（協議会理事長）、Ｗ・Ｊ・ダンカー（副理事長）、Ｗ・エルソン（書記）、Ｄ・Ｌ・ヴィクナー（会計）、Ｓ・アスケ、Ａ・ホアース宣教師たちの知遇をこのとき得たことを回想し、その後、長年に亘ってヨーロッパ、アメリカの各地で、この先生方と様々な交誼を結んだ奇遇を、私は、深い感謝のうちに覚えるものである。

わたしは、一九六四年、スイス・ジュネーブにあるＬＷＦ（ルーテル世界連盟）本部の世界宣教局アジア担当の幹事となったが、エチオピアの首都アディスアベバ郊外に巨大な放送局、ラジオ伝道のための『福音の声（ＲＶＯＧ）』を創設したばかりのアスケ先生（ＬＷＦ宣教局の協力主事）と再会、同僚の誼に与ったのには驚いた。

アスケ先生は、一九五一年、中国伝道から日本へ転身、神戸を中心に伝道を開始したノルウェー宣教師団に属し、ホアース師と共にそのリーダー役となり、活躍した方である。アスケ博士は、一九六〇年に、日本伝道から、ＬＷＦの世界宣教局に移られ、マスメディア伝道の研究と実践に携わった。

四年半の最初のジュネーブ出向を終える直前（一九六八年）、アスケ先生の計らいでノルウェーに引退帰郷されていたホーアス先生ご夫妻にも懐かしく面談する機会を得た。神戸時代を回想される先生は、日本福音ルーテル教会との教会合同を断念した主な理由として、聖書観の違い、信徒の宗教的生活慣習との対決などがあったことを挙げられた。

それでも、日本におけるキリスト教伝道に参画した当初、賀川豊彦先生の助言を仰いだり、日本福音ルーテル教会古参宣教師の一人、J・M・T・ウィンテル博士（一八九九年〜一九七〇年）を、開校したばかり（一九五〇年）の神戸ルーテル神学校の教授に迎えるなど、ただ一途に福音宣教へ情熱を傾倒した、かつての神戸一帯での日々を偲ぶ姿には強く心を打たれた。

日本福音ルーテル教会とノルウェー系のルーテル教会との合同はついに実現せず、近畿福音ルーテル教会と西日本福音ルーテル教会として、近畿地方伝道、西日本伝道に、地域を分けて活動をはじめ、今日に至っている。ノルウェー系の教会との合同が実現しなかったのには、神戸と東京の二つの神学校の教育内容の問題があったという意見もあるが、ノルウェーの自由教会は、信徒運動であったため、日本福音ルーテル教会のような牧師制、いわゆる職制をそれほど重視していなかったことも、その一因であろう。

わたしは、当時の折衝に関わっていなかったので、明確に言うことはできないが、合同の挫折には、北欧の敬虔主義の流れを汲む教会の伝統から、ホーアス先生の言うように、もっと本質的な、聖書観の違いと、日本のような異教社会の中での信徒の生活の在り方にもあったことと思う。

ホーアス先生夫妻との再会の場で、同様な回想を分け合ったアスケ先生は、時は移り一九七四年、東京に「ＬＷＦマルチメディア伝道研究所」を開設した。こうして、引き続いて日本における宣教活動を支援されたことも有り難く記憶に留めている。

日本では、アメリカのルーテル教会ミズーリ・シノッドが、ルーテルアワーの放送を全国的に展開しはじめ、次に第二章でふれる関谷五十二氏によるドラマのラジオ放送が、多くの聴取者を集め、各地の教会の伝道に貢献した。

さらに、戦後の経済復興とマスメディアの発達は、ラジオからテレビに拡大され、これに新聞、雑誌も含め、マルチメディア伝道の可能性を探ろうというのが、東京にマルチメディア伝道研究所を置いた理由であろう。

こうした個人的な回顧の幅を更に拡げて、歴史の大舞台におけるキリスト教伝播の経緯を辿ってみると、実は、世界史に重なって神の救済史が現世的に展開して行くのをありありと見届けることができる。しかもそこに、数々の人為的、政治的な要因が絡み合ってきたのは歴史的事実で、それは宣教（伝道）論には重要でさえある。早くには皇帝コンスタンチヌス一世がキリスト教を公認した『ミラノ勅令』（三一三年）があり、反ナチス闘争に関わったドイツ福音主義教会の『バルメン宣言』（一九三四年）は、最近、殊のほか記憶に甦ってくる。

戦後復興して間もない日本福音ルーテル教会にとって、一九四九年、中華人民共和国の成立は、その中国より引き揚げを強いられたアメリカ、ノルウェーの伝道諸団体の来日参画による宣教拡張を促し、奇しくも伝道躍動期をもたらした。

この脈絡で、「オーガスタナ・シノッド」について特筆したい。晩年までシカゴ・ルーテル神学大学世界宣教研究所で同僚の誼を続けた（一九八七〜九四年）先述のD・L・ヴィクナー師を始め、先陣のオーガスタナ宣教師たちのことである。

一九五〇年四月、アメリカのオーガスタナ派ルーテル教会・外国（世界）伝道局スワンソン総幹事の視察訪日を経て、その秋、シスター・アーリング、コルバーグ女性宣教師に次いで来日したヴィクナー師とは、ご夫妻が到着された翌朝、K・デール、G・オルソン宣教師夫妻の方々を連れて、時の総会議長故平井清先生（一九四八〜一九五一年）牧する東京、世田谷区にある都南教会の主日礼拝に出席された折、たまたまわたしが通訳をしたことで早々に懇意の仲となった。当日午後には、田園調布での家探し（オーガスタナ・ハウス）と教会堂敷地探索にも同道した。

しかも翌年には、シスター・アーリングと共に、第一回「田園調布教会軽井沢夏期聖書学校」の聖書研究指導兼宿泊マネージャーを務めたしだい。開校中、ヴィクナー師が［ノルウェー系］アメリカ・ルーテル教会（ＥＬＣ）派遣のオラフ・ハンセン師夫妻を伴って来訪された。その折、両先生が異口同音に、「ただ一筋、日本にキリストの福音伝道を！」と情熱を注ぎ、とりわけハンセン師が「ルーテルではなく、キリストの教えを！」と論されたのには全く驚嘆した。

コルバーグ宣教師を伴って広島に派遣されたオルソン師夫妻とは、翌一九五二年夏、荒廃した広島市で街頭伝道を敢行、山陽部会（現、関西を除く西教区）の出立にも関わらせて貰った。その頃、広島に次ぐ宣教地、宇部市に赴任したデール先生ご夫妻を訪れたのも想い出に残る。

一九四九年から盛り上がったルーテル諸派の伝道活動は、宣教論で重視する「伝道地域分担策(comity)」に則った好例の展開だった。加えてオーガスタナの場合、派遣母体アメリカのオーガスタナ派教会の「姉妹教会」を組織することを避けて、当初から、あくまでも日本福音ルーテル教会の一翼となり、田園調布の他は山陽部会（広島、山口）の構成教会群になる協約を締結した。日本伝道史に特記すべきミッション・パターンが刻まれたのである（一九五一年）。

その背景を辿れば、アメリカのオーガスタナ派教会が、世界に現存する約二百のルーテル教会群の間で、通常の「福音ルーテル」＋国名・地域名を付す慣例を破り、（スウェーデン、ノルウェー［国］教会や香港の信義会を別にして）『アウグスブルク信仰告白』のラテン読み「オーガスタナ」を教会名の頭にする、わずか数教会の代表格の教会であることだった。一八六〇年六月、ウィスコンシン州でスウェーデンからの移民を主にして誕生、当初のThe Scandinavian Evangelical Lutheran Augustana Synod in North Americaから、数回、名称変更を行ない、一九四八年、オーガスタナ派ルーテル教会に定着した。その後、北米におけるルーテル諸派の合同(ELCA・一九八八年、LCA・一九五二年)では主導的な役割を演じ、ELCA最初の主管監督にはオーガスタナ派出身のH・チルストロム牧師が選ばれた経緯がある(一九八七年)。

こうした特異な教会形成を支えたのに、実は、スウェーデン国教会のN・ゼーデルブロムや「ルンド学派」のA・ニグレン等の神学者らによって提唱された「ルター主義公同性の立場」があったのである。ルター的信条の公同的一致性を強調し、本来ルター主義とは一つのグループや教派ではなく、使徒的宣教の連続性を保持するための「キリスト教会内での一つの運動」であり、信仰義認と聖書の規範性の堅持をエキュメニカル運動への「架け橋的役割」とするものであった。

一八七八年、初の宣教師、A・B・カールソン師をインドに派遣したオーガスタナ世界伝道局は、一九〇八年には中国、一九二四年にはタンザニア、そして戦後、日本へと、海外へ総勢二百名もの宣教師を遣わした。何処にあっても「ルター主義公同性の立場」が堅持されていた、と宣教史の諸文献は記録する。

「ルター主義公同性」といった神学用語で堅苦しく表現するものに、今にして思えば、実は本節の書き出しで触れた、わたしが、京都でのルーテル教会転会時早々の思い出がある。それは一九四八年オランダのアムステルダムで、戦後の神学界を震撼させたK・バルト教授の『世界の無秩序と神の救済計画』と題する基調講演をもって開催された世界教会協議会（WCC）及び同年スウェーデン・ルンドのルーテル世界連盟（LWF）の創立総会に、日本代表の一人として出席された岸千年先生の帰国報告を聞いたことである。わたしは、その時すでに、両創立総会の開催に尽力したエキュメニカルな立役者の一人として、先述のA・ニグレン博士の話を聞いていたのである。

それに再開校した日本ルーテル神学校での教義学（故大内弘助教授）のテキストは、「ルンド学派」のグスタフ・アウレン博士による、贖罪思想の主要三類型の歴史的研究を行なった古典的著作『*Christus Victor*（初版一九三八年）』（邦訳『勝利者キリスト』佐藤敏夫／内海 革訳、教文館、一九八二年）で、同じくこれまた名著、*The Faith of the Christian Church*（Swedish: 1923, English: 1948）だったことにもなつかしく想い至る。在学中、ニグレン教授の『エロスとアガペ』の翻訳の手伝いもさせてもらった。

なお、この「ルター主義公同性」にも深く関わる論説として、ルーテル世界連盟神学研究局長のとき（一九七七〜八六年）に書いた拙文を、六章「信条教会と信仰告白する教会」で紹介したい。当時の主要プロジェクト『キリストを文化的コンテキストで告白する』の初回研修協議会（一九八一年、スウェーデン教会宣教局と共催してエルサレムにて開催）において行なった基調講演の要約である。なお、このテーマの一連の研修協議会へは故石居正己先生とK・デール先生が参加し、貢献されたことを付記しておく。

次章、「宗教改革の意味をリフォームとして考える」へのつながりとして、述べておきたいことがある。

ノルウェー系の教会と日本福音ルーテル教会の合同が成立しなかったことについて残念がる意見もあったが、福音の説教と礼典が教会の十分なしるしであり、特定の職制や教会行政体の一致によるものではないことを考えると、合同の不成立もそれはそれで、ノルウェー系の教会の伝統を日本に移植するものとして歓迎したい。

それよりも、信条としての信仰告白は、告白を生きることに重点が置かれなければならないであろう。これをわたしは、隣人の生きる場への臨場感と考えるものであるが、次章では、わたし自身の経験、あるいは、初期の日本ルーテルアワーの、関谷五十二氏のラジオ番組の圧倒的な日本人の心への浸透力に触れてみたい。

二章　宗教改革《リフォメーション》の意味をリフォームとして考える

前章で触れたように、一九四九年、再開された日本ルーテル神学校に、わたしははじめの入学生のひとりとなったが、正式の開校は一九五〇年度となり、一年間、東京は当時飯田橋の現ルーテルセンターにあった日本基督教団・日本神学専門学校の委託生となった。わたしは、故石居正己牧師らと共に、鷺宮キャンパスの中にある、北森嘉蔵先生（一九一六～九八年）の教授住宅に下宿することになった。

北森先生は、『神の痛みの神学』（初版、一九四七年）の著書により、名立たる神学者である。教室での講義はもとより、時たま、食卓での会話を先生と交わし得たのは、先立つ京都教会での岸千年牧師の熱情溢れた教導に続いて、わたしにとってたいへんに恵まれたことだった。

とりわけ印象に残る北森先生の言葉がある。それは、「西欧史に刻まれ、日本史に欠ける二つのR――ルネサンスとリフォメーション」を語られたことであった（二つのRについては、北森嘉蔵『マルティン・ルター』アテネ文庫、弘文堂、一九五一年に所収）。近代世界の源は、ルネサンスと宗教改革（リフォメーション）であるが、日本の近代化においては、ルネサンス的近代のみが一方的に取り上げられ、宗教改革的近代はまったく視野に入っていなかったというのである。

それは、日本においては、リフォメーションが宗教改革とされ、歴史上の一時点のこと、また、宗教の内側における改革のように理解されがちであったからではないだろうか。さらに、日本では、宗教は幸福追求のものであり、北森先生も言うルターの良心の宗教は成り立ち得なかったのかも知れない。

翻って考えてみるに、日本史では「大化の改新」、「建武の中興」、「明治維新」の「三大改革」を知ってはいたが、英訳ではいずれも「Reform/ Restoration」になっていた。近年に至っては、「三位一体の構造改革（The Trinity Reform Package）」も聞かれたし、『維新』を標榜する政党すら存在する(Restoration Party)。すべて「リフォーム」である。

同じ「R」でも、「ルネサンス」はさておき、「リフォメーション」と「リフォーム」は語意的に違うようだ。手許の『職業別電話帳』をくると、「ら欄」に、何と「リフォーム」が六種別で記載されている。今はやりの和製英語「リフォーム」は「居住中の住宅の改築や改装、特に内外装の改装」をさすという。

「改革者ルター」は「リフォーマー・ルター」となっている。この「リフォーマー」には、「改革者」の意味もあるが、「サイズ直しや寸法直しなど、洋服の仕立て直しをする人」が大方の理解になっているという。一考に価いするような気もする。

実は、中世の代表的な「牧会の手引き」に『整形師にして医師』の題名をもつ書物があった。この書(*Corrector sive Medicus*)を編纂したドイツ、ウォルムスの司教ブルカルド（在位、一〇〇〇〜二五年）は次のように述べている。

この書は、『「整形師」にして「医師」』と呼ばれるものである。そのわけは、本書の内容が身体への整形と魂への医薬を十分にもっていて、司祭たちに、たとい無教育の者であっても、按手をうけたもの未按手のものが、貧者や富者、老若男女、健康者や病者、そのいずれにかかわらず、すべての人たちをいかにすれば助けうるかを教えるものである。

そうすると、キリスト教伝道における「R」、「リフォーム」としての社会福祉的な関与の局面も積極的に考えられてよいのではないかと思う。

実は、大阪に本社を置く三洋電機（当時の）が、国産初の噴流式洗濯機を発売して、戦後の復興史に「電化元年」を刻んだ一九五三年、わたしは神学校を卒業した。伝道師として最初に赴任した千葉県は松戸市の北外れ（元陸軍八柱演習場が開墾地として払い下げられ、元一個大隊が集団入植した開拓村)、稔台(現松戸市稔台)であった。

A・パウラスという戦後復帰された女性宣教師の始めた保育所を集会場に、それこそ字義通りの「開拓」伝道に携わった。当時、牧師であっても、昼間は、せいぜい手慣れぬ大根洗いや草取りの手伝いしかできず、集会といえば、仕事を終え、夕食をすませて人が集まる、夜九時頃から始める状況だった。

ちなみに、A・パウラス宣教師は、一八九一年生まれ、一九一九年、二十八歳で来日、千葉県市川市を中心に社会事業に携わったが、戦争で一時帰国、一九四七年、四十六歳で再来日、千葉県全体に、多くの幼児保育施設等を設立した。

わたしは、一年ほどして、つてを辿り、望外の幸いにも、東京大学の労働経済学専門の隅谷三喜男教授(一九一六~二〇〇三年)を教会にお招きすることができた。東京府立第一中学校(現在の都立日比谷高等学校)四年時に受洗された先生は、東京帝国大学在学中(一九四〇年)、治安維持法違反容疑で三ヶ月間の拘留を受けたり、翌年卒業後は社会の底辺で働きたいという願望から満州(現中国東北部)の昭和製鉄所に勤務、現地での労働問題の研究に従事されたりした特異なクリスチャン学者だった。一九六一年には、明治初期の激変する歴史の唯中に日本キリスト教会史をダイナミックに捉えた画期的な著作、『近代日本の形成とキリスト教』を出版された先生である。

その先生に、夜の講演会へ遠路電車でお出でいただき、松戸からバスを乗り継ぎ、停留所で長靴に履き替えてもらって、開拓村の公会堂の畳敷の集会室へ案内、そこで気さくに座って講演をしていただいた。

隅谷教授は、プロテスタンティズムの倫理、すなわち職業を「召命」とみるルターの教説や恩寵予定説に立つカルヴァンの「世俗内禁欲」の教説がいかに資本主義の精神の根源を形成したかなどを、極めて簡明に説かれた。それに日本の近代における資本主義の発達への影響はもとより、殊に、日本人の人間観への深い影響と、現代社会の人間関係、倫理形成への寄与などを力説されたように想起する。

労働経済学に造詣深い学者としての講話はもとより、お人柄から溢れ出る「キリスト信徒なるがゆえ」の証しが満杯の聴衆を魅了したのは事実であった。

すでに稔台では、保育所、ナースリー（乳児保育所）、診療所などの開設で、キリスト教伝道が、単なる布教だけではなく、現実的に地域の社会福祉全般に深く関わる「R」、リフォームの役割を果たしていたのが当時の状況ではあった。

それでも隅谷講演が一段と、キリスト教伝道への開拓民たちの信頼を深めたことは間違いない。その数ヶ月後（一九五四年四月十一日、「棕梠主日」礼拝において）、三十一名の壮年、十五名の幼児洗礼が行なわれ、同時に伝道所設置への認可申請が行なわれたのである。

時の受洗者の一人、大井藤一郎氏（一九二四年〜、菓子原料製造業者、傍ら松戸市会議員を連続三期

勤め、稔台連合町会会長や稔台駅前街づくり研究会、文化団体連絡協議会の会長、広範囲にわたる趣味の同好会主宰者などの歴任者）が、米寿を記念して数冊の既著作をまとめ、『私の青空』の書名で自叙伝を刊行された（松戸市、二〇一四年十一月）。著者の了承を得て、その著書から断片的ではあるが、当時の模様を再現させていただくことにした（九〇〜一〇七頁より抜萃）。

松戸市第一号の保育所誕生——稔台の若い開拓者たちは、それぞれ結婚し、ぞくぞく赤ん坊が生まれてくるようになった。私自身、昭和二十四年には既に二人の子供がいたわけで、昭和二十四年度で既に約百人近くの幼児がひしめく有様だった。……開拓地には年寄りがいないので、その幼い子達は、親が一緒に畑に連れてゆかねばならなかった。……当時、市川市国府台に「チルドレンパラダイス」という社会福祉施設があった。ここは、当初、戦災孤児を救済するために、[日本]福音ルーテル教会の女性宣教師エーネ・パウラスさんが設立したものである。この孤児施設と同時に、「市川国府台保育所」も併設されていて、近くの国府台練兵場開拓の幼児や一般家庭の子も預っていた。このパウラスさんに泣きついて、「何とか稔台にも保育所を」と再三再四お願いに伺ったことを覚えている。……昭和二十六年四月、旧軍隊の講堂だった粗末な木造兵舎を利用して、チルドレンパラダイスからたった一人山下さんという保母さんが派遣されて、ここに「稔台保育所」が目出たく誕生したのである。当時、この山下さんが、まるでマリヤ様みたいに輝いて見えたのである。……［松戸市が一銭の負担することなく］［松戸市の第一号の公認の］保育所だったのである。……

キリスト教会と稔台――開拓者たちは、ここに小さい子供たちを預けて、農業に専心できるようになったことは、大きな福音となった。……日曜日になると、パウラス女史が、……「日曜日は安息日だから、仕事を休んで保育所に来て礼拝に参加せよ」というお達しが出た。……それを無下に断るわけにもゆかなかった。

パウラスさんは、その頃、まだ神学生だった石田順朗という若者を連れてきて説教をさせた。この石田さんが誠に弁舌爽やかで、しかも、当時朝日新聞の人気連続小説、三浦綾子の『氷点』を題材にして説教をされたから、刻々変わってゆく小説の進行に合わせた所為もあって、開拓者の多くの人が、石田氏をインボクさんと呼び、その説教を、あたかも講談でも聴くかのように、その続きを楽しみにするというような不思議な現象が起きた。……

徐々に開拓の人にキリスト教の精神が浸透してゆく中で、保育所のみならず、ナースリーという乳児保育所も設置され、更に、世取山さんという女性伝道師が派遣され、兵舎に住み込んで伝道を始めるということになり、更には、アクストさんという女性の医療伝道の宣教師も派遣されて、無医村であった近隣の地区も含めて、稔台に診療所が開設されることとなり、一週間に二回、市川教会の大高医師が出張診療をされるということにまで発展してきて、見方によっては、近代的な村づくりが進められたということも言えるし、またキリスト教会側から見れば、大きな伝道拠点になったという見方も出来るのである。

こうして、稔台という開拓地域は、松戸市では珍しいキリスト教会とタイアップした、新しい形での進歩的な地区へと変身していったわけである。……キリスト教という異国の宗教が、稔台開拓地の特殊事情とが結びついて、花開いたというべきであろう。

既述のように、「四十六名の集団洗礼」が行なわれたが、大井氏は「私ども夫婦と子供一同も洗礼を受けた」と回顧する。しかも、「その翌年、昭和三十年に教会堂も現在地（二百坪）の敷地に建設された。この土地も只みたいな値段、僅か二十万円で、開拓組合からルーテル教会に分譲されたものである。いかに教会が地元の開拓組合と密接なつながりがあったかを証明するものである」と著書で結んでいる。

わたしは二年間の伝道師生活の後、当時の教職制により、一九五五年に按手試験を経て正牧師となった。その後、日本福音ルーテル教会で佐賀教会に続く最古の久留米教会からの招聘を受けた。それに応じて、わたしは、福岡県久留米市へ赴任した。久留米教会は、十数人の牧師を送り出し、かつて恩師岸千年先生も二代目牧師を務めた由緒ある教会で、若年ながら、牧会に携わることになった。

数々の苦楽の思い出の中で特に印象に残るのは、当時相当高い聴取率で放送されていたラジオ番組『ルーテルアワー』のドラマ「この人を見よ」の作者、関谷五十二氏（一九〇二～八四年）を講師に招いた久留米教会の伝道集会でのハプニングである。

戦後の『子どもの新聞』ほか、多くの子ども番組制作に携わり「関屋のおじさん」として親しまれ、「最も有能な番組制作者」の一人として活躍しておられた関谷先生の講演とあって、会堂は満席の盛会。ことは閉会後。靴棚からそれぞれ自分の靴を探し出して履き替え、帰途に就こうとする会衆の大混雑。大方の来会者が去った後、先を急がれる関谷先生をお送りしようと先生の靴を探したが見当たらない。選りもよって、その頃はやりの靴泥棒の獲物にされたのである。先生の靴にかぎって、当時盗難予防策で行なっていた両足別々に置くことを忘れたせいでもあった。ひと呼吸おいて、先生は、「最近、よくあることですよ。構いません」とおっしゃるなり、靴下のままでトコトコと歩き出し帰途につかれた。その気さくな振る舞いには一同恐れ入った。

救世軍でキリスト者となり、のち日本キリスト教団三鷹教会の会員となられた関谷先生は、日本伝道全体に絶大な貢献を成し遂げ、一九八三年には、キリスト教功労者に顕彰された方であった。同時に、

「ルーテル」の名称を日本中津々浦々に伝播し、多くの人々にキリスト教への道筋をつけてくださった「伝道者」であった。しかし、いま、ルーテルアワーは、東京の事務所を閉鎖した。

現在、千葉県松戸市稔台は、多くの工場群と共に、駅の近辺はマンションや住宅が立ち並び、教会の周囲は商店街と変わっている。教会には、保育所、診療所もなく、いまは共稼ぎの家庭のために学童保育を続けている。

戦後の開拓地であった稔台における、ある時期のルーテル教会の地域社会への奉仕。日本全国を感動の渦に巻き込んだ、当時の花形メディアであったラジオを用いたルーテルアワーと関谷五十二氏の一時期の伝道活動。

ルーテル教会は、ルター以来の歴史的信条書を有し、その信仰告白をいつの時代も、いかなる状況のもとでも告白し続けてきた。時代も状況も変わる。しかし、伝道地において、信仰告白書を再現的に新しく告白していくことは、きょう、いま、ここで、なし続けなければならないであろう。

三章　隣人への臨場
――リフォーマー・ルターの場合

前章で、ルネサンスとリフォメーションという二つのRに近代世界の源があるのに、日本の近代化では、ひとつのR、リフォメーションが欠落しているということを、北森嘉蔵先生の指摘として述べてきた。さらに、前章におけるわたしの考察では、リフォメーション、一般に宗教改革と呼ばれるものが、そのリフォームというところに注目すると、リフォーマーという「寸法直しなど、洋服の仕立て直しをする人」という意味が出てきて、「改革者ルター」も、このリフォーマーの意味で一考に値いするということを述べた。

また、戦後の復興期に伝道・牧会者として出立したわたしのルターとの出会いを、「R・リフォーム」の社会的関与で身近なものにしていただいた三人の方々のことを記述した。わたしの最初の牧会地の教会員である大井藤一郎さん、戦後すぐの茫漠とした開拓地に、講演に来てくださった隅谷三喜男東大教授、第二の任地である久留米教会に講演に来てくださった、関谷のおじさんこと、劇作家であり、ラジオ番組制作者としても高名であった関谷五十二氏である。わたしが若輩の牧師としてこのお三人から受けたのは、現代社会の日本へ、どのように臨んでいくかということであった。

先に述べたように、稔台もルーテルアワーのドラマも、一時期の特別な状況の中でのことであった。しかし、言いたいのは、教会の伝道とは、地域社会のリフォームに関わることであり、そこにある隣人と共に在る、臨場性が重要だということである。

いま、この稿を書いているときは、「東日本大震災」の復興の時期にある。「三・一一」と呼ばれる二〇一一年の大津波と福島原子力発電所の爆発は、依然、日本人を震撼させている。

そこで、わたしは、同じく大災害時下にあったときの、ルター自身の「隣人と共に在る」活動に思いを馳せざるをえない。

一四世紀の中頃からヨーロッパでは、『暗黒の時代』とも記録されるほどにペストが大流行した。一三四七年のイタリアの港町で最初に発覚されて以来、一七世紀にかけてほぼヨーロッパ全域が Black Death（黒死病）の恐怖に曝されたからである。わずか三、四年の間に蔓延、発病して一週間以内に六十パーセントの患者が死亡、数多の町や村は壊滅状態となったと伝わる。手の施しようもなく、多くの人々は「いつ自分も死ぬかもしれない」という恐怖心に襲われたという。

ルターは、一五二七年、ヴィッテンベルクにおけるペストの蔓延期にあっては、現場にとどまりつづけて病人をみとり、牧者としての務めを果たした。多くの患者たちがルターの腕に抱かれて、慰めを受けつつ息を引きとったと記録される。ルターは、一般に考えられているような神学者、説教者、あるいは改革という一大運動の花々しい立役者の裏にあって、人びとの魂へのきめ細かな配慮、指導という牧会のわざをたえず重視し、実行していたのである。

アントン・ラウテルバッハによって伝えられるルターの説教（一五三八年十二月一日）は、その典型ともいえる。半年以上も周辺で猛威をふるい蔓延していたペスト病が差し迫ってきて、ついに近隣の一軒に感染者が出たときのことであった。恐怖におののく人びとが、誇大化したうわさ（風評被害）に打ち勝つのに、神の右の御手に座したもう甦りのイエスへの信仰がいかに堅固な支えであるかに始まり、町の役人、医師たちへの適切な指示、大衆への迫力に満ちた勧めなど、それは驚くほどに具体的な指導を内容にした説教であった。

さらに、司祭たちが町を離れずそこへ留まるべきことを強く訴えて、次のようにも告げている。

困難や危険の時はいつでも、私たちは隣人たちと触れ合う必要があり、その人たちに、じかに触れ合うことが至上命令的に求められている。ある家が火災にあったとする。その時、愛は私にそこへと走らしめ火を消し止めることをいや応なしに迫る。その火を消すのに、他の人たちが十分そこに居合わせたならば、私はわが家へ引き返すか、そこに踏み止まるか、その時は何れでもよいわけだ。自分自身や財産への危険や危害がないことを見届けなければ他人を助けえないという人には、その隣人を手伝うということなどは決してありえない。

ヨハン・ヘス（一四九〇〜一五四七）からの「人は死から逃れるべきかどうか」という質問への応答だった。ヘスは、激しいペストの流行の中で、牧師はどうしたらいいかとルターに尋ねた。ヴィッテンベルクでもペストが猖獗《しょうけつ》していたので、ルターは、説教者、牧師の決意のほどを、自分に即して述べたのである。

わたしは、かつて、『牧会者ルター』という本を著した（聖文舎、一九七六年。なお、日本基督教団出版局から再版、二〇〇七年）。その序文を、岸千年先生が寄せてくださったが、そこに次のように記されている。「教会の改革という大冒険に挺身して、教会を二つに分けてしまうような大嵐の中で、ルターがもし『牧会者』すなわち『たましいをみとる者』（ゼール　ゾールガー）としての自覚を持っていなかったとしたら、どうであろうか。おそらく、いちはやく騒ぎの挑発者として葬り去られていたであろう」。

ルターには、そもそもこの世にある政府は神の設けたものという深い確信があった。しかもその政府の基本的な機能は、町や人びとを治め、保護することであり、土地を保管することであった。したがって当然のことながら、ルターは、牧師でありながら、政治の任にある者たちにも勧告することができたのである。彼らへの尊敬、服従、協力と時には勧告や警告ということは、何ら矛盾するものではなく、むしろルターの社会福祉的関与における一貫した態度を表明するものであった。それはいわゆる保守主義といった思想につきるものではなく、神の創造になる自然秩序の中に生きている事実を熟知することから出ていた。「ここにも神の言葉があって、それによって、この世の政府が設けられ、町や土地を治め、保護し、維持するように命じられているのです」。いわゆる「律法の第一の「市民的」用法」である。

先にもふれたが、ペストの流行する最中において行なった説教の一節に、次のような言葉もある。「町の議員であるみなさんにお勧めしますが、どうかこの町に、十分な公僕、医師、外科医、理髪師、看護婦を保有していて戴きたい」（一五三八年十二月一日の説教）。

こうした働きかけは聖書に記述されている、この世の権威に対する態度の臨場性（ローマ一三章とヨハネ黙示録一三章）とも深く関わり、ルターにとっても緊迫した事実であった。ただしかし、それは御都合主義につながる便宜的な状況判断にとどまるものではなく、ルターにおいて究極的に意図されていたものは、この世の権威つまり政治の任にある者たちの最終的目標と機能が、秩序をもたらし、それを維持し、その中で、人びとが神の言葉を受けて平安に生活しうるようにすること、この一点につきるものであった。

信仰者や行政の任にある者たちへの、臨機応変的な、いわゆる「臨場性」についてルターが明確な理解をもっていたことは、ほかにも彼の書簡、説教、講義、論文などから例証するのに枚挙のいとまがないほどである。とくに、一五二七年の夏の終わりから秋へかけて、シレジアのブレスローにおける危機的な状況に際して、その時でもルターは、信徒の各人の状況に応じた決断を訴えている。そこでは決して、何か一つの包括的な規則を適用するようなことはしていない。十一月に出されたヨハン・ヘスへの書簡から、再度、引用しよう。まずルターは、死から逃がれて、自分の生命を守ろうとする人間の本能にふれて、述べている。

死を逃がれ、自分の生命を助けようとする本能は神によって人間に植えつけられているもので、それが神と隣人に反しないかぎり、それを拒否することはありません。聖パウロはエペソ人への手紙五章において、「自分自身を憎んだ者は、いまだかつて、ひとりもいない。かえって、……おのれを育て養うのが常である」といっていますが、そのとおりで、私たちは自分の身体と生活をできるだけ保持して、無視しないように命じられているわけです。聖パウロは、また、第一コリント一二章において、神が私たちの身体に肢体を与えられ、肢体はそれぞれ他をかえりみ、助け合っていくことを述べています。

例えば、ペストの蔓延する町から逃れていくべきか、それとも、そこに最後まで踏みとどまるべきか、そのことは、全く状況によるとも述べているのである。ルターは、一方において、困窮する隣人の求めの中で人の義務と責任を強く訴えたのであるが、それでも同時に、次のようにも告げている。

人びとからの救助の求めがなく、看病や手助けをする人が十分間にあっているときは、……また病人たちが他の人たちの留まるのを好まずに反対するときは、そこから逃れ出ようが留まろうが、人は自由に決心できるものと私は信じています。信仰において大胆であり強固な人は、神の名において留まるがよい。そうしたからといって、その人は罪を犯すことにはなりません。他方、弱く、おそれおののく者は、神の名において逃げるがよい。そこに適切な代理の者を用意し、手配したのちに、隣人に対する自分の務めに関して偏見をもつことなく町を離れるのであれば問題はない。

ルターは、この臨場性の在り方を同労の牧師たちにも適応している。

臨終に際して、人は、信仰をもって死を克服するために、神の言葉と典礼によって良心を強められ慰められる牧会（ミニストリー）を特に必要とする。しかしながら、多数の説教者が十分間に合っていて、しかも彼らの間で、何人かは、かような危険にさらされて留まる必要のないことが話し合われているならば、その場を去っていく牧師が罪を犯しているとは思えない。なぜならば、そこには適切な牧会が用意されているわけだし、必要とあらば、去りゆく牧師たちでさえ、また立戻る用意があるからである。聖アウグスティヌスも、他に多くの牧会者がいるのを見届けて、自分の生命を救うために、教会を離れ去ったことを認めるわけである。ダマスコにおいて聖パウロの弟子たちは町の城壁づたいに、彼をかごに乗せてつりおろし、その結果、パウロは町から逃がれえた（使徒言行録九章）。同じく使徒言行録一九章には、パウロの弟子たちが、大混乱に陥った町から、そこに留まる必要がないと判断して、パウロに町へ入らないようにと頼んでいる。

ところが、必要のあるときには、ルターは断固として次のように述べている。

同様にして、市会議員、裁判官などのような公職にある人たちは、そこに留まる義務がある。……聖パウロは、ローマ人への手紙一三章で「上に立つ権威者は平和を維持する神の僕である」と言っている。市全体を任されている者が、万一にも、火事や殺人、反逆、災難などのような危険の最中に、政治的責任者のいないままで、そこを去るとなれば、それは大きな罪である。そこには何の秩序もないからである。

キリスト教信仰に根ざす臨場的決断は、このように、いつでも同一の結果を生むとは限らない。キリスト者は、いつどこででも誰にでも適用するといったある規定をもちあわせているものではない。ただし、ルターにおける信仰者のこのような臨場性は、たんに人間的な柔軟性や個人的判断に基づいた、いわゆる「状況倫理」から生まれるものではなかった。それは、あくまで「主のものであり、同時に、主である」という信仰者の実存把握と併せて、たえず隣人を配慮し隣人に仕える姿勢から出てくるものであつた。「キリスト者は、義や救いのためには、これらのことを一つとして必要としない。それゆえに、彼は、彼がなすいっさいのわざにおいて他人に仕え、他人に役だつという考えをたたき込まれ、また、ただそれだけに気をくばるべきで、隣人の必要と利益に外の何ものも眼前に持たない者でなければならない」。「宗教改革三大文書」の一つとして知られる『キリスト者の自由』の中で、ルターが明言するところである。

思えば、第一章で先触れしたように、一九四九年春、他教派より京都のルーテル教会へ転会を願い出たとき、牧師である岸千年先生は、早速にルターの『小教理問答』と、この『キリスト者の自由』を読むように言われた。たまたまテキストになっていた青年会（といっても学生会）の読書会での激論を思い起こす。

思えば、東日本大震災と、それにともなう福島原子力発電所爆発の衝撃は大きかった。本章で述べた、中世ヨーロッパの黒死病蔓延の衝撃と、日本の状況とは合い通うものがあったかもしれない。震災後、「絆」が叫ばれ、ボランティア活動が展開された。いま、震災後の「アプレ・フクシマ」と言われる中で、篤い支援活動は続いているとはいえ、相次ぐ災害に、人々の目は移って行く。

このようなとき、ルターの『キリスト者の自由』を学ぶ意義は大きいであろう。ルターの言う「自由と奉仕」に裏打ちされ、二十一世紀の今日、隣人の危急の場に、わたしたちが臨場するということが、あらためて考えられなければならないのではないか。

四章　信仰、愛において働くもの

一　小さなｒが大きなＲになった

六〇年前（一九五五年）、わたしは千葉県稔台での開拓伝道を経て、福岡は久留米市の、由緒あるルーテル教会へ赴任した。そこで、わたしは、まず、Ｗ・ヴォーリズによって建築され（一九一八年）、奇しくも戦渦を免れたデンマーク風赤レンガ造りの教会堂の偉容に圧倒された。第二章で述べたが、二年ほど開拓村の保育所で集会をしていた状況との違いを、まざまざと体感したのである。

ヴォーリズについては、ご存じのかたも多いと思うが、ル・コルビュジェなどと共に「近代建築の三大巨匠」の一人と称されるフランク・ロイド・ライトと並んで、わが国に数多くの西洋建築を手がけた建築家。アメリカ生まれであるが、ヴォーリズは日本に帰化し、近江八幡市に定住し、活躍した。ちなみに、日本福音ルーテル熊本教会、岡崎教会の会堂もヴォーリズの作品である。

ところで、久留米に行って間もなく、筑後地区諸教派連合の牧師会の会場にルーテル教会がなった。ある改革派系教会の牧師から、開口一番「ここはドルの匂いふんぷん、外国依存の教会だ」と揶揄されて驚いた。若輩ながら言い返した、「アメリカだけでなくドイツや北欧、南米のルーテル諸教会とルターによる福音再発見に基づく『信仰義認』の信条を共有する福音主義教会だ」、それに「久留米教会は、日本のルーテル教会史上、最初に自給した教会だ（一九二九年）」と。

惜しむらくは、基督教香港信義会やインドネシアのバタク・クリスチャン・プロテスタント教会（KBP）、ポーランドのアウグスブルク信仰告白の福音教会、それに第一章でもふれたアメリカのオーガスタナ派教会など数多の姉妹教会のことをも言い添えるべきだったと思う。しかし、信条をもつことの意味を語り合う場でもなかったし、この浅薄な外国依存云々の発言は、教会の存立の基盤をからかっていたのではないであろう。わたしたちは、常に、教会とは何か、信仰とは何かという基盤から考えていかねばならない。

さて、ルーテル教会と言うと、たしかにドイツの一個人名を冠する教会名であり、奇異の念をさえ多くの人々に抱かせてきた。ところがその張本人たるマルティン・ルター自身は、もともとキリスト教会の分派を目論んでいたのでは決してなかった。

実は、当初、ただ「人々の霊性と世情の一般的変革の必要」を訴えようとの試みだったと伝えられる。ルターをヴァルトブルク城に匿ったザクセン選定侯フリードリッヒの従兄弟ゲオルク公へ宛てた一五一八年の書簡などからも判明することである。言うなれば、ルターの改革は、小文字の「r」ではじまるリフォームであった。ところが歴史の流れはその「r」を特定の大文字「R」に変えてしまったのである。

もとよりルターの改革はフランス革命、ロシア革命につぐ中国の文化大革命などとは違う。さては農業改革、産業革命など社会体制上の改変を目指す政治的変革とも異なっていた。宗教団体の単なる機構改革でもなかった。それは専ら「神‐人　関係」の百八十度転換であって、正に神を信じ仰ぐこと自体への抜本的な「建て直し（リフォーム）」だったのである。

こうした宗教上の「建て直し」といえば近年（二〇一三年）、伊勢神宮では二十年に一度、出雲大社では六十年ぶりの「大遷宮」が行なわれた。遷宮には、建築上の修理を超えて、清浄思想を反映する、「全部作り替える」意義が潜むと聞いたことである。

もちろん、ルターの改革は建物の改築になぞらえることのできるものではない。払い、清めではない。ルターは、一五四五年の『ヴィッテンベルク版ラテン語著作全集第一巻への自序』の中で、改革運動の経緯と自らの福音再発見の「塔の体験」を重ね合わせているが、その実態は正に「悔い改め」であり、「信仰によってのみ義とされ、恵みの神との出会い」、つまり「信仰そのものの一大改革」であったのである。

この信仰の改革を、the Reformation、英語では定冠詞付きのRのようには邦語では書き出せない。宗教改革として「宗教」といった漠然とした形容詞を付せざるを得ないのは、何とももどかしい。

そこで、再三、岸千年先生に言及してきたが、岸先生は神学校長に就任後間もなく、東京はお茶の水のYWCAにおける「宗教改革記念講演会」でのこと（たしか一九五〇年十月末）、話も大分進んだ頃、突然、大声で「Repent! 悔い改めよ！」と発し、静まりかえっていた満場の聴衆を震撼させた。その時、わたしは席を飛び立つほど身震いしたのを、つい先頃のことのように思い起こすものである。

「リフォメーション」で更に記憶に甦ることもある。半世紀も遡る一九六三年、日本福音ルーテル教会と東海福音ルーテル教会の両教会合同が成立し、「教区制」が発足したが、その創立総会直後の機関紙『るうてる』特集・合同総会報告号に、前述の岸先生が、時の総会議長として「古きは過ぎ去った」と題する巻頭文を寄せられた。その中で「今回の合同は、……キリストにおいて新しい出発点に立ったことになる。従って、合同は、リフォメーション（再形成）である」と呼び「これはルターのリフォメーション（宗教改革）に通じるものである」と述べられた。これまた、忘れ難い「R」であった。

二　神の義（Rechtschaffenheit）を福音の中に再発見

本稿を書き続ける机上には、一九九七年、米国のルーサー・インスティチュートからヴィッテンベルク賞を授与された際に戴いた、『九十五箇条の提題』を打ち付けるルターのブロンズ像（ベリー・ジョンストン作）がある。宗教改革の火ぶたを切った、一五一七年十月三十一日、ヴィッテンベルクの城教会の扉に、正式名称では『贖宥状の意義と効果に関する見解』を打ち付けた周知の場面である。

ただ、この名称からも分かるように、それは同年ルターが、スコラ神学への反駁討論に備えて書いた『九十七箇条の提題』の論調とは異なり「贖宥の効力」を明らかにするための牧会的な勧告で、論争を挑むためではなく、牧会者としての関与を示すルターの抑え難い配慮からの行動であった。同十月三十一日付、贖宥券販売に直接関わった修道士テッツェルの上司マインツのアルブレヒト大司教に宛てたルターの書簡が何よりもその証拠である。

聖ペトロ寺院建設にあてる教皇の贖宥券はいま司教の御名によって広く配布されています。……おお神よ、大司教の御手に委ねられた魂は死にさいなまれていますが、……人が救いの確かさを得るのは、一人の司教の機能によるものではありません。そうではなく、使徒は「恐れおののいいて自分の救いの達成に務めなさいと命じ、ペトロは義人でさえ、かろうじて救われると述べております……」さらに、「主なる神は、……いたるところで救われることの困難さを宣言しておられます。……」

事実、九十五箇条の提題の一四は告げる、「死に臨んでいる人たちの不完全な信仰や愛は必ず大きな恐れを伴う。そして愛が小さければ小さいほど、恐れは大きいということになるだろう」。提題一八～二四、二七～二八、さらに五二～五五、八〇と並んでルターの牧会的動機と配慮を湛えている。

このような「想定外」の行動を起こすに至ったルター自身に聞こう。

いかに欠点のない修道僧として生きていたにしても、私は神の前で全く不安な良心をもった罪人であると感じ、私の償いをもって神が満足されるという確信を持ち得なかった。だから私は罪人を罰する義の神を愛さなかった。いや憎んでさえいた……ところが神は私を憐れみたもうた。私は「神の義は福音中に啓示された。義人は信仰によって生きると書かれているとおりである」の「パウロの」言葉のつながりに注目して、日夜絶えまなくそれを熟考していた。やがて私は神の義によって義人は賜物を受け、信仰によって生きるという具合に「神の義」を理解しはじめた。……今や私は全く新しく生まれたように感じ、戸は開かれ、私は天国そのものに入った。

従って「R」はRでも神の絶大な「R（Rechtschaffenheit）、神の義」をルターは発見したのである。とまれ、こうした出来事を覚え、月の最終日を宗教改革記念日として祝う十月になると、例年のことながら、わたしは自らのルター研究遍歴を振り返るようにしている。その度に、おこがましく「もしもシュタウピッツ博士のおかげがなかったならば、私は冥府に落ち込んでいたことだろう」とルターが常々恩師を覚えたのにならって、岸千年、（著作を介して）佐藤繁彦、先述の北森嘉蔵、それに、米国留学時の論文指導教授、ジョージ・W・フォレル（一九一九～二〇一一年）の先生方を想い起こす。フォレル教授とわたしは、先述のヴィッテンベルク賞を連れだって戴いたのである。

実は、フォレル教授との出会いは（一九五九年）、シカゴ・ルーテル神学校に留学した折であった。教授から受けた「ルターの社会倫理演習」によって、牧者としてのルターにふれ、ルターとルターの神学を理解するかぎは、そもそもルターの牧会的視点にあるということであった。

シカゴでの最初の受講課目、「キリスト教倫理」のテキストは、同教授の著作「ルターの社会倫理の基盤原理の検索」を副題にもつ *Faith Active in Love*（一九五四年）であった。初回のクラス直後に面接を求め、自己紹介を兼ねて、まずそのテキストの書名についてたずねた。かねて北森先生からとくと教え込まれていた「愛で形成される信仰（fides caritate formata）論争」との関わりがあるのではと思ったからである。

問うたのは、「尊いのは、愛によって働く信仰だけである」（ガラテヤ五・六、一九五四年改訳）に起因して、アウグスティヌスに遡り、トリエント公会議で議された論点に言及、なぜフォレル教授は著書の標題に「愛において活動する信仰」を選択されたかであった。教授は直ぐさま「よい質問だ。それこそ講義の核心テーマに関わるから、講義の最後まで一緒に問い詰めよう」と応じられた。これが、長年にわたって教授の知遇を得るきっかけともなり、加えて「律法と福音」の相関関係という神学する上で肝心要の論題と早々に取り組むことができたのである。

この最初の留学の末期には早速、先生の第二作、*Ethics of Decision*（一九五六年）を、先生の要望を踏まえて書中の参照事例などの日本版を共に企画し、邦訳を試みたのであった。一九六二年、聖文舎から出版された『決断の倫理』がそれである。

思いは三十余年も飛び越えるが、スイス、アメリカでの長期に亘る海外出向を終えて帰国（一九九四年）、新共同訳の聖書を読み出して、先述のガラテヤ書五章六節が「愛の実践を伴う信仰こそ大切です」と訳出されているのを感慨深く読み取った。フォレル教授が著作当時の faith working through love (RSV) や faith which worketh by love (KJV) の聖句を意図的に *Faith Active in Love* と読み変えた労作を偲びながら、とりわけ東北大震災後の「絆とボランティア」が全国に共鳴するなか、ルターの「信仰のゆえに自由を得たキリスト者の愛の奉仕」に重ね合わせ、心に確と受け止めて回想するものである。

キリスト教社会倫理学との関わりといえば、時期的には遡って一九六九年、アメリカ留学を終えて帰国、三鷹の日本ルーテル神学大学（現ルーテル学院大学・日本ルーテル神学校）の実践神学部門で教え始めて間もなく、「ルーテル世界連盟・理事会」へ選出され、同時にその一員として「改革派・ルター派教会対話神学委員会」へ参画することになった時のこともある。そこでの協働者、チェコ・プラハのコメニウス神学院倫理学教授で英語版著作 *Church in a Marxist Society: A Czechoslovak View* (1970) を出版されたばかりのJ・M・ロックマン博士と懇意になった。

後にLWFの神学研究局長時代に至っては、ミュンヘン大学のT・レンドルフ教授ほかドイツのキリスト教倫理学者の先生方との親交を深めることができ、倫理学会で発表の機会を与えられたりもした。その間、*Theologische Realenzyklopädie* に所収する「Gesetz und Evangelium（律法と福音）」の項目へ、組織神学者（Prof. Hans-Martin Barth）と組んで社会倫理の立場からの執筆を承諾し（Band XIII, 1984, 143–147）、編纂者のゲルハルト・ミューラー教授とも度重なる文通を交し得たことは有り難く思い出に残る。この「律法と福音」の明確な区別と相関関係は、既述どおり、今もって神学論議の争点になり続けて、神学者にとっては迂回できない論題となっている。拙著、『牧会者ルター』（二〇〇七年改訂再版、六五～七三頁）や『神の元気を取り次ぐ教会』（二〇一三年、一五九～一六七頁）でも論じてきたところである。

年々、新たな思いを呼び覚ます「R・宗教改革」である。

ルターの改革は、小さなr、リフォームからはじまったが、歴史の流れの中で、the Reformationと、大文字のRに変わっていった。これは、人間の改革としては小さいが、神の導く改革としては、絶大なR、神の義の発見に至り、そこから、信仰は愛において働くという確信に至った。

五章　伝道論から観たルター神学

一九六九年、三鷹の神学校の実践神学部門の教授に招かれたが、その就任早々の一九七一年、ＬＷＦ（ルーテル世界連盟）理事に選出され、特に、「改革派・ルター派教会対話神学委員会」へ参画することになった。

同じ時期に、さらに重責をおわされた。それは、ＬＷＦの常置委員会の一つ、加盟審議会の長に任ぜられたことである。

当初、受諾をためらったが、世界宣教局のアジア担当主事を勤めた前歴（一九六四〜六九年）や、当時、加盟が予期される教会の多くが、アジア、アフリカ、中南米にあった事情などから説得され、相当に考慮した挙句、承諾することにした。

その途端に、単なる加盟承認ではすまず、「唯一の、聖なる、公同の使徒的教会」を、「福音ルーテル教会」として全世界各地に存立させるレーゾンデートル（存在根拠）ともいうべき「憲法・規則」、とくに「教義」を改めて復習することが必要となった。

さらに、年々拡大するエキュメニカル運動の最中、いかに一教派の「自由共同体（a free association）」とはいえ、ルーテル教会という特殊信条告白を共有する教会をつなげたＬＷＦが、バチカンのローマ教皇庁や世界教会協議会（ＷＣＣ）と並んで、世界大の機構に参画する意義とは一体何なのかなど、大きな宿題を抱え込んだのである。

もちろん、この加盟審議会へは、数名の専門委員が任職されることになり、アメリカ・フィラデルフィア神学校のＪ・リューマン教授、ドイツ・ハンブルクよりミュンヘン大学へ移られたＧ・クレチマー教授、ノルウェー・オスローの新約学教授Ａ・オーフロット博士（後にオスロー管区監督）、このようなルーテル教会の神学者の方々が参与されることを知って心強かった。

事実、わたしの審議会在任七年間に、ＬＷＦ加盟を果たした教会は、十九教会（アジア一〇、南太平洋地域一、中南米三、南アフリカ一、アメリカ、イギリス、カナダ、スイスそれぞれ一教会）にも及び、加盟教会数は一躍百台に近づいた（一九八九年、一〇五教会、二〇一四年現在では七十九カ国より一四四教会）。

憲法・規則上の教義（信仰告白）に関することは、『バタク信仰告白』をもって加盟を果たしたバタク・クリスチャン・プロテスタント教会（一九五二年、インドネシア）の場合を考察しながら次章で論じることにしたい。ここではまず世界伝道の観点から、とりわけ一九七五年に加盟を果たした「南アフリカ・モラヴィア教会」のことの関わりで、モラヴィア「一致兄弟団」について述べたい。そのわけは当時、三鷹の神学校で「宣教学」を講じていて、その講義内容をまとめて著作にとりかかり、伝道論からみたルター主義神学を探索する中で、姑息なルター派正統主義神学を克服したハレ敬虔主義ならびにヘルンフート・モラヴィア派の伝道活動に関して執筆し終えたところだったからである(『教会の伝道』聖文舎、一九七二年)。

実は、その執筆に至る資料収集の中で、一八八〇年代の宣教学者、G・ヴァルネックの「そもそも、ルターの伝道概念には、根源的に言って、欠陥があった」という意外な指摘にまず驚いた。

ヴァルネックによると、宗教改革は全体として、福音主義的伝道に対しては間接な貢献をしているが、ルター自身は、「異教徒への伝道」参画ということでは全く失敗したとする。つまりルターは、「キリスト教化するという目的で、非キリスト教国へ福音の宣教者を定期的に派遣する」ことを怠ったという。しかも、基本的な神学上の論点としては、ルターの神学そのものが、宗教改革時において、教会の伝道への動機を盛り上げることには阻害の役割しか果たさなかったと主張するのである。

ルターは、全世界が原則として、すでに宣教を受けていて、世の終末は目前に迫っていると考えていたというのがヴァルネックの結論で、ルターの神学上の欠陥を伝道論からはげしく非難するものであった。

加えて当時読んだ『現代の伝道』（日本基督教団信仰職制委員会編、教団出版局、一九六六年）所収の、同志社大学神学部、土居真俊教授の論文「宣教のエネルギーはどこから得られるのか」には、「周知のように、宗教改革時代のプロテスタント教会には、ミッションという概念はなかったので、ルターのごときも、人類全体がクリスチャンにならねばならないとは考えていなかった」とあり、この所論にも少なからず驚いた。

同時に、こうした批判的論証に対抗して、ルターや他の改革者たちが持ち合わせていたであろう「聖書に根ざす明確な宣教概念」を提示する資料にも当ったわけであるが、要するに、ルターの伝道概念なるものが、いわゆる世界伝道最盛期として歴史に刻まれる「十九世紀型伝道活動」の枠内には収まりがたいものであることは明白になった。

さらに、神によって設定された福音宣教運動は普遍、世界大のものであり、いわゆる「全世界への伝道」は実質的には完結したが、それでも現実には進行中で、そもそも「キリスト教と非キリスト教世界」という二元的世界分割を明らかにすることはできない。それに伝道の「終末論的」目標は、福音の宣教そのものであり、世界を「キリスト教化」することではないという確証だけは得ることができた。

それにしても、カトリック教会では、イエズス会が創設されると同時に（一五三四年）、世界伝道ならびに教育事業に積極的に取り組んだことに比べて、宗教改革後、プロテスタントの諸教会が、直ちに「世界伝道」に乗り出さなかったのは史実であった。しかもその遅滞はさらに、台頭し始めたルター派正統主義神学の立場から一層拍車をかけられたのである。この正統主義神学の感化を受けて、実は宗教改革の神学を建前としながらも、教会はさらに姑息な教条的鋳型にはめ込まれる結果となり、一種の凍結作用が生じるようになったことは否めない（この点についても次章で詳述したい）。

事実、時のルター派神学の大御所ヨハン・ゲルハルト（一五八二〜一六三七年）は、教会の公同性と使徒性は堅持されつつも、「伝道の進発令」（マタイ二八・一六〜二〇、マルコ一六・一四〜一八）は、その原型において、もはや継続的な意義はないと言明するにいたったのである。

ところが、その後に続く一七〇〇年から一八三〇年までの期間は、プロテスタント教会の世界伝道活動にとって、革新的な展開を成し遂げる時期となったことに留意したい。その主流にあったのが実は、ドイツのハレ敬虔主義者たちの活動やヘルンフート・モラヴィア派の動きだったのである。これは、ルター派の教会の伝道ではなかったが、ルター主義神学の背景をもつ人々が、同志的に世界伝道に進発したものであった。

これで、はじめに触れた、南アフリカ・モラヴィア教会が、一九七四年にＬＷＦ加盟申請をした時の審議会における、わたし自身の参画につながることになるが、モラヴィア「一致兄弟団」を考えてみよう。

ともあれ、宗教改革後二〇〇年も経過して、広い意味でのルター派プロテスタント教会の信徒間では世界伝道への関心が高まってきた。実際にその活動に着手したのが、当時、デンマークの領地であったインドのトランケバールに、居住していたデンマーク人のために牧師を派遣することが機縁となった、トランケバール・ミッションのはじめである。

デンマーク国内には海外伝道に赴く牧師がいなかったため、国王フレデリック四世の支援でドイツのハレに人材を求めたのである（B・ツィーゲンバルクとH・プリュチャウの二人が選ばれた）。これは、デンマーク国とハレ敬虔主義運動との協同による「南インド・トランケバール・ミッション」（一七〇六年）と呼ばれる。

ついで一七三一年には、その四年前にツィンツェンドルフの指導で結成されたモラヴィア一派のヘルンフート「一致兄弟団」が最初の宣教師をインドに派遣した。

南インド・トランケバール・ミッションは、インドにおける最古のプロテスタント教会樹立に寄与し、タミール福音ルーテル教会の誕生に繋がった。LWF創立にも積極的に関与した教会である。

傍ら、ツィンツェンドルフ自身の使者ゲオルク・シュミットは一七三七年、南アフリカへのプロテスタント最初の宣教師となって伝道に携わり、南アフリカ・モラヴィア教会の形成に寄与した。時は移り変わり、同教会のＬＷＦ加盟審査に、奇しくもわたしは巡り会ったのである。

ここでぜひとも一七二七年、ドイツはサクソン領地内（現チェコとポーランドとの国境に近い地域）にある私有地に、先述どおりモラヴィアの避難民、フス派の一団を集めて一致兄弟団（Unitas Fratrum）、「ヘルンフート（主の守り）」と呼ばれる共同体を形成し、その監督となったニコラス・フォン・ツィンツェンドルフ伯爵（一七〇〇〜六〇年）について付言したい。

ツィンツエンドルフは敬虔主義の父と呼ばれたアウグスト・ヘルマン・フランケの弟子の一人で、はじめヴィッテンベルク大学で神学を修め、神学的にはルターに傾倒した人物である。聖書を重んじ福音主義に徹しながらも、英国教会をも含めた他派教会との交友関係を保ちつつ、ヘルンフート兄弟団をエキュメニカルな関わりの中に位置付けた。同時に、次第に独自の立場を築き上げていった。

彼の指導する兄弟団では、霊的再生を強調する敬虔主義者たちに対しては、漸次固陋《ころう》化していくとの批判を深め、その限り、教会がもつ特定、特殊な信仰告白については（トランケバール・ミッションの場合をさえ含めて）教派教会の宣伝につながるものと批判した。今日でいう「超教派」の態度を貫いたのである。その後「十字架につけられた子羊」であるキリストに従うという旗印のもとに、「奉仕と宣教」に専念するようになった。兄弟団の讃美歌が独自に編纂され、ツィンツェンドルフ自身も讃美歌を多く残している。

こうして、ツィンツェンドルフは、十字架のキリストを宣べ伝えるためには、一応、歴史的に特殊信条をもつ教会の伝統からは自由でなければならないと考えた。アウグスブルク信仰告白も、その内容は重用されねばならないが、当時ルター派教会が固執するような、その形式そのものを伝達すべきではないと主張した。教派的な立場を標榜するだけの信仰告白の問題性を、「十字架につけられた子羊キリスト」という、キリスト中心主義とでも呼べる視座から捉えた確固とした立場である。

もう一点書き添えたい。それは、ツィンツェンドルフが「ヘルンフートの尺度で他を計ってはならぬ」をモットーの一つに掲げ、特定の文化や社会の範型を、他の伝道地へ「移植する」のにも強く反撥したことである。伝道論で言えば、こと伝道方策なるものには、つねに「暫定的性格」が備わっていなければならず、組織上の教会合同は、信徒集団をたえず「仮の宿」つまり「途上にある教会（ecclesia viatorum）」とする見識を持ち合わせた偉大な先覚者であったのである。

こうした見識でもって極めてキリスト中心的な運動を展開し、「罪ゆるされた者たちの交わり」という明確な教会観が確立され、キリストの生ける会衆という深い自覚のうちに団結がはかられた。従って、伝道とは、「十字架につけられた子羊」に従う信仰生活者たちの共同体的な運動と心得て、聖霊が悔い改めと教会形成の主導者としてたえず働きかけ、その中でこそ信徒たちは伝道活動へ導かれることを確信していた。

モラヴィア兄弟団の宣教活動について付言すれば、一七三二年にはセント・トマス島に二人、グリーンランドには三人の宣教師たちを派遣し、一八世紀末より一九世紀初頭にかけて世界宣教に貢献した。ちなみに、ツィンツェンドルフ自身も、一七四一年には、北米を訪れ、ペンシルベニア州一帯で、今日で云う、巡回伝道師として活躍している。

ハレ敬虔主義運動とヘルンフート兄弟団の働きは、プロテスタント世界伝道活動において、ルター派の方から先駆的な役割を果たし、双方ともに程度の差こそあれ、超教派的な運動を推進した。いわばエキュメニカル運動の先駆けとなり、今日に至ってなお重大な課題、福音宣教か教派教会の宣伝かの問いを投げかけた。

次章で取り上げるＬＷＦ（ルーテル世界連盟）は、一九四七年に設立された、任意の参加による教会共同体である。任意とはいえ、厳格な審査がある。その基準は、ルーテル教会の信条である。しかし、ツィンツェンドルフの創始によるヘルンフート兄弟団の在り方でわかるように、信条を所持するだけではなく、信条に示された信仰告白を生きるということに眼目がある。そうであれば、ＬＷＦに加盟するということは、そのメンバー教会そのものが、固陋な信条主義的教会ではなく、たえず、ダイナミックに信仰告白を続ける信徒の群れであることを一大要件にする。

このことが、次章、「信条教会と信仰告白する教会」のテーマである。

六章　信条教会と信仰告白する教会

東京・鷺宮の日本ルーテル神学校卒業後（一九五三年）、わたしは千葉県松戸市の稔台で伝道師として開拓伝道に携わった。二年たって、［正］教師認定試験を受けることになった。そのために、当時は、関係教師（現在の呼び方は主管牧師、伝道師の期間中指導を受ける）と稔台会衆の推薦が必要であった。

この面接試問においては、出願に至る一通りの試問に続いて、「キリストの三権能（または職能、munus triplex Christi）」とは？」（答、預言者・祭司・王）があり、教憲上の質問に入って、まず「日本福音ルーテル教会憲法の信仰告白での信条書は？」であった。答えて、公同信条（symbola oecumenica，基本信条、世界信条とも呼ばれる信条）の、使徒信条、ニケア信条、アタナシオ信条、の三つを（一般にはカルケドン信条を含む四信条であることも付け加えて）述べ、続いて、福音ルーテル教会特有の信条として、アウグスブルク信仰告白、ルターの大・小教理問答、アウグスブルク信仰告白弁証論、シュマルカルド信条それに和協信条と即座に答えた。
実は、先輩牧師方からも示唆されていた「ヤマ」が当ったのである。ところが「何か一つ欠けているのでは？」と問い返され、瞬間たじろいだ。しかし、直ぐに思い当たって、「改竄を経ざる（変更されていない）アウグスブルク信仰告白」と言い直し、無事にパスしたのを想い出すしだいである。
そのわけは、当時のＬＷＦ憲法の「第二章、基本教義（信仰告白）」が次のようになっていたからである。わかりやすいように、まず、日本福音ルーテル教会の憲法、第二章、第二～五条の条文で見てみよう。

第二条　本教会は、聖書が聖霊によって賜った神のことばであると信ずる。ゆえに、聖書は、キリスト者の信仰と行為の唯一であって完全な規範であり、すべての教理と教えとは、聖書によるべきものであることを信ずる。

第三条　本教会は、使徒信条、ニケア信条及びアタナシオ信条が聖書の教理と教えに一致するものであることを認める。

第四条　本教会は、変更されていないアウグスブルク信仰告白及びルターの小教理問答が神のことばに基づき、本教会の信仰及び教理を正しく表明するものであることを認め、これらに掲げられた信仰告白をまもる。

第五条　本教会は、アウグスブルク信仰告白弁証論、ルターの大教理問答、シュマルカルド信条及び和協信条が、アウグスブルク信仰告白と同じく、聖書の教理と教えに一致するものであることを認める。

ＬＷＦ現憲法の条文は、英文では次のようである。（括弧内は改正された現在版、［］内は現在版にはない文言、イタリック体は拙著での補筆）。

II. DOCTRINAL BASIS

The Lutheran World Federation acknowledges (confesses) the Holy Scriptures of the Old and New Testaments as (to be) the only source and [the infalliable] norm of all church doctrine and practice (its doctrine, life and service), [and] (It) sees in the three Ecumenical Creeds and in the (Unaltered) Confessions of the Lutheran church, *especially in the Unaltered Augsburg Confession* and the Small Catechism of [Martin] Luther, a pure exposition of the Word of God.

　ここで注目したいのは、ＬＷＦ加盟審議会在任中、認定要件の本源に位置づけられる当時のＬＷＦ憲法の第二章 基本教義（信仰告白）」（右記、日本福音ルーテル教会憲法の第四条に相当する条文）が、in the Confessions of the Lutheran church, *especially in the Unaltered Augsburg Confession* となっていたことである。つまりイタリック体の箇所を訳すと「ルーテル教会の信仰告白書［複数］、特に変更されていないアウグスブルク信仰告白が……」となっていたのである。

　つまり、先述の教師試験委員会での面接質疑応答でわたしがとちった、そもそも福音ルーテル教会にとっては自明の筆頭信条書「変更されていないアウグスブルク信仰告白」を、ＬＷＦ憲法においても、わざわざ、「特に……」と際立って条文化していた当時の状況である。

　この『アウグスブルク信仰告白』には、いわば原典版とメランヒトンの手腕による（カルヴァン、ツヴィングリたちとの合意模索の末に）改定された版があったので、今にして思い返せば、福音ルター派の教会であれば、「変更されていないアウグスブルク信仰告白」を採択するのは至極当然の成り行きであり、更なる加盟教会のあることを予期して、当時のＬＷＦ憲法条文に折り入って、その文言が明確に織り込まれていた経緯が伺える。

　同時に想い起こすのは、前章で先触れした『バタク信仰告白』をもって加盟を果たしたバタク・クリスチャン・プロテスタント教会（一九五二年）の前例にもならい、ルター派や改革派の教会を併せて母体としたプロテスタント初期の伝道団体、バーゼル・ミッション（Evangelische Missionsgesellschaft in Basel）（一八一五年）やライン伝道協会（Rheinische Missionsgesellschaft）（一八二八年）との結び付きで創立された教会の加盟審査に際しては、この「変更されていないアウグスブルク信仰告白」ということが、極めて重要な条文だったのである。

その実、一八六一年ライン伝道協会よりインドネシア、北スマトラに派遣されバタク教会創立に寄与した宣教師ルートヴィッヒ・ノメンゼンの貢献になるバタク教会憲法には、諸信条書として『アウグスブルク信仰告白』に続いて『ハイデルベルグ信仰問答』とルターの『小教理問答』が列記されていた。その点を十分念頭におきながら、そのバタク・クリスチャン・プロテスタント教会の姉妹関係にあるアンコラ・プロテスタント・クリスチャン教会（GKPA）の加盟（一九七七年）、後になってもう一教会、メンタワイ・プロテスタント・クリスチャン教会の加盟審査（一九八四年）に携わった在任中の経緯に思い至るのである。

関連しては、香港において同じくライン伝道協会の伝道活動に起源する（一八四七年）中華基督教禮賢會香港區會（The Chinese Rhenish Church Hong Kong Synod）の加盟承認もあり（一九七四年）、同年、バーゼル・ミッションの名称を受け継ぐ基督教香港崇真會（The Tsung Tsin Mission of Hong

Kong）の加盟もあった。

併せて、同時期に、ＬＷＦ加盟を拒否するアメリカのルーテル教会ミズーリ・シノッドと深い関係を保持し続けるアジアの二教会、韓国ルーテル教会（ＬＣＫ、一九七二年）とフィリピン・ルーテル教会（ＬＣＰ、一九七三年）および中米のサルバドリアン・ルーテル教会（ＳＬＣ、一九八六年）の加盟審議にまつわった課題にも言及したいのであるが、ここでは、単なる回想録ではなく本章の主題に沿って、いったい福音ルーテル教会の憲法（教憲）の中で、公同信条と並び［特殊］諸信条がいかに提示され条文化されているかという点に絞って、検討を進めたい。

そこで、ＬＷＦ憲法第二章における基本教義（信仰告白）の条文構成に再度立ち帰り、その邦訳として日本福音ルーテル教会憲法の同条文を引用することにして、その周到な羅列の仕方およびゴチック体の文言に細心の注意をしたいのである。

第二条　本教会（日本福音ルーテル教会）は、聖書が聖霊によって賜った神のことばであると信ずる。ゆえに、聖書は、キリスト者の信仰と行為の唯一であって完全な規範であり、すべての教理と教えとは、聖書によるべきものであることを信ずる。

第三条　本教会は、使徒信条、ニケア信条及びアタナシオ信条が聖書の教理と教えに一致するものであることを認める。

まず、旧・新約聖書が「信仰と行為の唯一完全な規範」であること、引き続いて信条としては、使徒信条、ニケア信条、アタナシウス信条の三公同信条が「聖書の教理と教えに一致するものであることが明確となる。

第四条　本教会は、変更されていないアウグスブルク信仰告白及びルターの小教理問答が神のことばに基づき、本教会の信仰及び教理を正しく表明するものであることを認め、これらに掲げられた信仰告白をまもる。

第五条　本教会は、アウグスブルク信仰告白弁証論、ルターの大教理問答、シュマルカルド信条及び和協信条が、アウグスブルク信仰告白と同じく、聖書の教理と教えに一致するものであることを認める。

次に、「変更されていないアウグスブルク信仰告白」及びルターの小教理問答が「神のことばに基づき、信仰及び教理を正しく表明するものであること」を認め、信仰告白をまもるとする。それに引き続いて「アウグスブルク信仰告白弁証論、ルターの大教理問答、シュマルカルド信条及び和協信条」が、「アウグスブルク信仰告白と同じく、聖書の教理と教えに一致するものであることを認める」と、信条書においては、いわば三段階で条文化されていることが判明する。見落としてはならない条文構成である。

端的に云えば、ルターは、聖なる使徒的教会からの分裂を意図してはいなかった。従って、新しい教会を作るのではなく、一致の信仰、永遠の教会につらなることを、極力、表明したかったのである。さらに、イエス・キリストの教会のしるしは、儀式や組織の一致でなく、恵みの手段、すなわち、礼典を尊重し、福音的信仰の告白に最重要性をおいた。それが、ルター派の教会の信条の条文構成に示されている。

ここに、ルターの「大・小教理問答」が意図的に分けて記載され、小教理問答だけがアウグスブルク信仰告白と同列に条文化されている消息が明白となり、大教理問答は次のアウグスブルク信仰告白弁証論、シュマルカルド信条及び和協信条と同列になっていることに意義を見出すことができる。

大教理問答も、小教理問答も、同じく一五二九年に公刊されている。アウグスブルク信仰告白は一五三〇年である。それだのに、小教理問答だけが、アウグスブルク信仰告白と共に、公同信条の次に置かれていることの意味を見てみよう。

先述のように、ルターは、教会の分裂を願ってはいなかった。また、キリスト教会は、儀式や組織の一致でなく、恵みの手段、すなわち、礼典を尊重し、福音を宣べ伝えることに、一致のしるしを見た。このことが、アウグスブルク信仰告白と小教理問答に表われているのである

大教理問答は、論争となる部分にも触れ、ルーテル教会独自の音調があり、アウグスブルク信仰告白弁証論、シュマルカルド信条及び和協信条と同列に後置されたと考えることができる。

いずれにせよ、このような条文構成には、実は、信条学で肝心な、聖書は「規範する規範（norma normans）」であり、信条は「規範される規範 norma normata）」と位置づけられていることにぜひ注目しておきたい。日本福音ルーテル教会の憲法で言えば、その第八条に関わることであるが、時のLWF憲法でも、ルーテル派教会の信条と、その中でも特に、変更されていないアウグスブルク信仰告白に関することで、その点を、南アフリカ・モラヴィア教会や基督教香港崇真會などの加盟審査に際して特に配慮した。その要点だけを挙げてみよう。

第一点は、時のLWF憲法が「ルーテル教会の信仰告白書［複数］、特に変更されていないアウグスブルク信仰告白が……」と条文化していたように、まず［加盟］教会はそれぞれの憲法にある信仰告白上の立場を、一切の妥協を排して明確にすること。

第二に、その「信仰告白」はあくまでも「神のことばに基づき、それぞれ教会の信仰及び教理を正し

く表明するものであることを前提条件にする。つまり教条主義ではなく［規範する規範］の神のことばの福音主義に立つこと。

第三に、特殊信条を「規範される規範」として憲法に明記する「信条（信仰告白書をもつ）教会」は、同時に「信仰告白する教会」であり、エキュメニカルに世界伝道へと開かれた告白共同体であること、を挙げておきたい。

ともあれ、当時、神学校で宣教学を講じ、たまたま伝道活動における信仰告白上の課題にも取り組んでいて、一応はモラヴィア的立場に次いでバーゼル・ミッションの「超告白的立場」や「改革派的立場」を併せ持つライン伝道協会に関する資料を持ち合わせていたことは幸いであった。しかも先立つＬＷＦ世界宣教局アジア担当主事時代（一九六四〜六九年）の体験、特にセイロン（現スリランカ）の故Ｄ・Ｔ・ナイルズ師に主導されたＥＡＣＣ（東アジアキリスト教協議会）での論議から得たものは大いに役立った。

本章を結ぶに当って強調したいのは、歴史的信仰告白書の遺産を分かち合う世界の福音主義ルーテル教会においては、ＬＷＦ加盟教会はもとより、おしなべて、「ダイナミックな告白性（confessionality）」とでも表現すべきものを共有し、絶えず確認し合うべきであるということである。この告白性は、歴史的信条書（confessio scripta）を「今日、ここで」「生き生きとした行動での告白（confessio in actu)」にするものである。このダイナミックな告白性が、実は第一章で既述した「ルター主義公同性の立場」を支えるものであり、次章でその考察をさらに展開することにしたい。

七章　世界信仰告白共同体のエキュメニカルな貢献

わたしは、一九六四年の一月から、スイス・ジュネーブ、ルーテル世界連盟（ＬＷＦ）の本部に出向した。ＬＷＦの［世界宣教局］のアジア担当として、五年間、在任した。

着任早々、一九六四年二月には、タイのバンコックで開催された、東アジアキリスト教協議会（ＥＡＣＣ、現ＡＣＣ）の主要会議に参席するように要請された。さらに、その予備会議の司会を務めなければならないことになっていた。しかも、そのテーマは、「世界信仰告白共同体（World Confessional Families）への対応」というものであり、わたしにとっては思いもよらぬ試金石となった。

同じ信仰告白集（信条）を持つ教会どうしが、連盟などをもって結合したものを、信仰告白のファミリー、共同体（コミュニオン）と呼び、ルーテル世界連盟などは、「世界信仰告白共同体」となる。プロテスタントでは、聖公会とのつながりがある。

着任前からＬＷＦについては予習を重ね、着任後は、ＥＡＣＣに関する資料に目を通した。ＥＡＣ

Cは、世界信仰告白共同体への批判的活動を展開し、その矛先にはLWFを据えていた。その主導者は、スリランカの故D・T・ナイルズ師（一九〇八～七〇年）であったが、彼の*Upon the Earth: The Mission of God and the Missionary Enterprise of the Church*（1962）を読み、それこそ応急の予習も行なったのであった。それよりも、このとき、何よりも重荷であったのは、わたしが、欧米以外の「第三世界（アジア、アフリカ、ラテンアメリカ）」と呼ばれていた国から、始めてLWFに出向した常任スタッフという立場であったことである。もちろん、回顧すれば、出向した途端に負わされた役割の重さであった。

世界キリスト教協議会（WCC）や東アジアキリスト教協議会（EACC）などは、プロテスタント諸派の教会連合体であるが、ナイルズ師などは、伝道の協力だけでなく、この後に詳しく述べるが、教会の一致を求めて来た。

正直なところ、そのとき、改めて、東アジアの一角の日本にある、福音ルーテル教会の存在意義と、その信徒の一人であり牧師であることの自己確認ができたと思う。LWFは、ローマ・カトリック（バチカン）やアングリカン・コミュニオン（聖公会）と並んで、機構的にも強大な［福音主義ルター派］信仰告白共同体へと結成されたものである。それでいて、世界キリスト教協議会（WCC）の樹立には積極的に参画したのであり、LWFのそうした在り方を、現にそこへ出向したわが身に向き合って、真剣に思索しだしたのである。

ＥＡＣＣはそもそも、ＷＣＣの傘下でＷＣＣの発足したその翌年、一九五九年に成立した地域協議会である。ＷＣＣがエジンバラ宣教会議（一九一〇年）にまで遡り、二度の世界大戦を経ながらも長年にわたって世界宣教のエキュメニカル運動を展開し続けた背景もあり、スイス・ローザンヌで発足した「信仰と職制」委員会（一九二七年）との連帯で成立していたにもかかわらず、福音宣教に重点をおいて「東アジアにある諸教会および各国ＮＣＣ（キリスト教協議会）の相互協力協働を、より広大なエキュメニカル運動の枠組内（ＷＣＣ）で促進する機関となる」ことを標榜していた。ところが当初の本音が「西欧教会の教派分立的宣教活動によってもたらされた弊害を修復（リペア）し、一致、合同を目指すエキュメニカルな宣教を共有しつつ、ヨハネ一七章二一節にある『主イエスの祈り』（みんなが一つになるように）を完遂する」ことにあったのは明白であった。

特に第三回ＷＣＣ［ニューデリー］大会宣言（一九六一年）の第一節、「教会の一致」の「そもそも［諸教会の］一致なるものは、神のご意志であり教会への神の賜物に他ならない。可視的には、イエス・キリストの名において受洗し、イエスを救い主として告白し、聖霊の導きにより全会一致する交わりに与り、唯一の福音を宣べ伝え、唯一の使徒的信仰を堅持する各地域にある全信徒の会衆であることを信じる」の余韻のもとで、ＥＡＣＣは「各地域にある［教派を超えた］全キリスト信徒の会衆（all in each place)」という「一致」を強力に唱導し始めたところであった。当然の成り行きとして、LWFを典型にした「まずグローバルな教派的一致をふまえて」のキリスト教諸派の一致を促進するエキュメニカル方式に対峙して、二者択一的な問いかけを挑んでいたのである。

いきおい防戦的にならざるを得なかったが、同時にわたしは、LWFの先覚者たちに続いて、特殊信条をもつ「世界信仰告白共同体」の担うべきエキュメニカルな尽力と貢献がありうることを表明するように努めた。

バンコック会議では、「世界信仰告白共同体」が、東アジアの各国において、それぞれの歴史的信仰告白を教条的に信奉し続ける固陋《ころう》な閉塞教団の集合体に成り終わることなく、たとい教派教会といえども、こと「イエス・キリストの教会」である限り、それぞれ「現在地域で、『イエスは主なり』と告白し続ける能動的な宣教共同体」であるべきこと。加えて、特殊信条は、「いま・ここで・告白する行動(confessio in actu)」への跳躍台であり、「福音宣教と証言《あかし》への原動力」になるべきことを主張して止まなかった。

翌一九六五年十二月、スリランカ中部州都、キャンディで開催された『世界信仰告白共同体とアジアの諸教会』をテーマにしたEACC会議では、バンコックでの発言をさらに具現化する「宣言文」の起草に積極的に携わり、その報告書の出版を担当もした。次いで、一九六六年十月の香港協議会(事実上、アジアの「信仰・職制」会議）では、次のような文面に編集された原文を起草し、『今日のアジアにおいて信仰を告白する』宣言文に織り込んでもらった。

A confessing theology, i.e., a theology which is the result of the wrestling of an Asian Church with the Asia environment, will naturally not be specifically confessional even though it may be indebted to many confessional traditions. A confessional type of theology, inherited by an Asian Church as part of its tradition, is usually a source of division; while a confessing theology will undergird the movement toward unity and uniform in the churches of Asia.

（「告白する神学、すなわちアジアの教会が取り巻くアジアの状況へ神学的にまともに対応することで、自ずと信仰告白上の数々の伝承にあやかっているとはいえ、そのまま従前通り、特殊信条的に収まるとは言えない。［派遣教会より］譲り受けた信条告白的神学は、［告白する神学とは一線を画して］往々にして分派の根拠になろう。告白する神学は、アジアの諸教会を一致とさらに合同をさえ志向する活動を確固なものにする。」）（原文は、J. R. Fleming, ed., Special EACC Faith and Order Issues, *South East Asia Journal of Theology*, VIII, Nos. 1-2, 1966 所収）。

そこで、信条告白的神学と信仰告白的神学の違いを、短く説明したい。

実は、このような経緯を背景にして、再度ＬＷＦへ出向した期間（神学研究局、一九七七〜八六年）には、エキュメニカル関連の分野で、（ローマ・カトリック教会に次いで）正教会や英国教会との公式対話開始と併行しつつ、特にアジア、アフリカ、ラテンアメリカを視野においた、「キリストを文化的コンテキストで告白する」プロジェクトを立ち上げたのである。宣教史上由緒深い姉妹関係にあるインドネシアとドイツ（当時、西独）、タンザニアとスウェーデン、アメリカと日本、この三組、六教会で取り組んだ五年にわたるプロジェクトであった。資料としては、*Confessing Christ in Cultural Contexts* (LWF/DS, 1981) の報告書及び、同名の続・集成版として *LWF Studies* シリーズ（一九八三年三月号）がある。

ここでは、プロジェクト当初一九八一年、スウェーデン教会世界宣教局とエルサレムで共催した合同研修協議会での基調講演の一節を紹介することでその主眼点を紹介するに留めたいが、たまたまその前年（一九八〇年八月）、オーストラリアのアデライドとブリスベン両市で開催された「一致信条書（*corpus doctriae, Concordia*）編纂四百年記念講演・協議会」の主題講演者の一人として招かれて行なった「一致信条書のもつ今日的意義」の一節とも丁度重なるので、その一文を記載することにしたい。

『一致信条書』に収録されたルター派の信仰告白書は、確かに四百五十年もの歴史の試練を経てきてはいるが、ただそのことだけでもって信条書が、そのまま、今日われわれをとりまく情勢の唯中で直接的に有意義であるとは必ずしも云えない。しかし早速に付け加えて言明したいのは、イエス・キリストのみ言葉宣教の福音主義に堅く立ち、一致して証言したことが、四百五十年前のルター派改革者たちのダイナミックな告白行為の原動力そのものであった確固たる事実である。(『アウグスブルク信仰告白』第七条とむすび5［第一節の終わりの「というのは、……」で始まる文言］参照。カッコ内は、本書の読者のために、引用しておきたい)。

この、いわば「信条書的教条主義」に対峙する「ダイナミックな告白性」を主張することに併せて、わたしは当時、ＬＷＦに関しては、ＬとＷの間に・［句切り点］を付すようにして、そもそもルーテル世界連盟は、「ルーテル世界」の連盟ではなく、あくまでもルーテル教会群の「世界大的（グローバル）連盟」である事実を力説し続けることだった。それには実は深い背景があったのである。

オーストラリアへ最初にわたしが旅したのは一九六五年、ＬＷＦ加盟の「オーストラリア一致福音ルーテル教会（ＵＥＬＣＡ）」を訪ねることであったが、実はその教会は、数年来、姉妹教会でもあったルーテル教会ミズーリ・シノッドのオーストラリア福音ルーテル教会との合同折衝に入っていたのである。しかもその合同の前提が、人道的プログラム支援には引き続き参加するものの、ＬＷＦからの脱退を迫るものであった。その実、翌年には合同が実現しＬＷＦを離脱して「オーストラリア・ルーテル教会（ＬＣＡ）」が誕生したのであった。

それから十五年後の一九八〇年という年は、実は、世界中の福音ルーテル教会にとって、殊更に記念すべき年であった。六月には、家族ともに参加した、ドイツ・バイエルン州・アウクスブルク市で開催の『アウグスブルク信仰告白』四五〇年記念式典があり、『一致信条書』編纂四百年を覚える年でもあり、わたしは、翌八月には、オーストラリアでの「一致信条書編纂四百年記念講演・協議会」に招かれたしだいである。

果たして講演後の評価は複雑であった。会場の外で遭遇した信徒の一人からは、「もしも十数年も昔であれば、石打の刑も免れ得なかったかも知れない！」と嫌みをぶっつけられるほどであった。でも現地神学校の教授たちからは、意外と好意ある評価をいただいた。とりわけ、主席講演者は、北米のルーテル教会ミズーリ・シノッド（ＣＭＳ）の、時の議長を務める（セントルイス・コンコーディア神学校前校長）ラルフ・Ａ・ボーマン博士だったが、意外と同情的な評価をいただき、場所をブリスベインへ移しての二回目の講演・協議会では、かなり前向きな討議を取り交わすことができた。

ボーマン博士との交友はその後も続いた。一九八四年のＬＷＦブダペスト大会へ向けて「ＬＷＦをコミュニオンとする」動向にまつわる課題、殊にも加盟教会間の「聖卓と説教壇の交換」について討議したいという要請を付して、その前年の六月、わたしは、北米セントルイスにあるミズーリ・シノッド本部で開催の総会議長団会議へ招かれたのである。予期どおり、討議そのものは厳しく平行線を辿るだけであった。それでも、ボーマン議長の司会ぶりや気遣いでその場に醸し出された友好的な雰囲気は、オーストラリアでの出会いと重なって、今でも脳裡に浮かぶものがある。それをわたしは「エキュメニカル・エチケット」と呼んで、後生大事にしている。

「エキュメニカル・エチケット」といえば、「信仰と職制」の協議や広くエキュメニカル討議にとっても、大事な要因になろうかと今もって考えるものである。

既述どおり、ＬＷＦ神学研究局への出向期には正教会との公式対話が始まった。わたし個人の参加としては、ギリシアでの初会合に次ぐ第二回目の協議会（一九七八年、ウクライナ南部の港湾都市オデッサで開催）に陪席しただけだったが、そのときのことにも思い至る。協議が礼拝（奉神礼）に及んで信仰告白が話題に上った。「使徒信条」と並んで公同の信条として、殊にエキュメニカルな合同礼拝においては、「わたしたちは信じる」と告白する「ニケア信条」を唱える（正教会では一同歌う）ことが述べられた。そこで実は配慮すべきことが二、三あるとして、その第一に正教会の信徒を交えてならば、「聖霊は父と子から出て、」の「子から」を遠慮してほしい、との発言には、さすが熟考を促されたことであった。

誰言うとなく一同は、その昔（四世紀）神学史上最大の論争となり、いわゆる大シスマ、東方正教会と西方カトリック教会の分裂の主因ともなった「フィリオクェ問題（正教会では「聖神は父より発する」とされるが、カトリック教会では「聖霊は父と子より［フィリオクェ］発する」とされる相違点）を意識し出したのである。

しかし、その論争を蒸し返すのではなく、極めて友好的な会話に終始したのであった。実際、その翌々日の主日礼拝（奉神礼）には会議参加者一同も招かれて二時間余に及ぶ儀式に参列した。会堂を、それこそ立錐の余地なく埋め尽くして「唱え続ける会衆」に混じって立ちずくめであったが、一時間もすると、ひそかに椅子が持ち込まれ、私たち協議会参加者だけは坐ることができた。まことにエキュメニカルな配慮であり、わたしはニケア信条告白に至ったと耳打ちされたときには、「聖霊を信ず」とだけ告白した。せめてものエキュメニカル・エチケットとしてであった。

もう一点、「ニケア信条」について留意すべき大事なことに気づかされた。それは、「使徒信条」の「わたしは信じます」に並んで、「わたしたちは信じます」と、元来、「ニケア信条（正確にはニケア・コンスタンティノープル信条）」（三八一年）は共同体的な信仰告白であることだった。聖公会や改革派教会と同様にルーテル教会にあっても、聖餐礼拝においてだけではなく、教会総会や、他教派の代表を迎える大会での開会礼拝、殊に合同礼拝においては（ローマ・カトリック教会では「わたしは」に変更しているが）「わたしたちは信じます、」と「ニケア信条」を共々に告白することを願っている。

たしかに、『一致信条書』所収の「ニケア信条」では「わたしは」と原典とは異なって訳出されている（註に、ギリシア語本文では、「われわれ」となっているが、ラテン語版は、古ローマ信条以来の信条形成の伝統によって、「わたしは」とした。日本語版は、*Bekenntnis Schriften der Lutherlische Kirche* に従って、「わたしは」とした、とある。『一致信条書、ルーテル教会信条集』信条集専門委員会訳、聖文舎、一九八二年、三三二頁より）。にもかかわらず世界の多くのルーテル教会では、礼拝式文において「わたしたちは」の共同体的告白になっている事実を改めて受け入れたい。『ニケア信条』に置き換えることのできる礼拝歌・コラールの『われらは信じる』では、『我ら』として複数形をもって表現している」ことにも耳を傾けたいのである（前田貞一『聖卓に集う』教文館、二〇〇四年、五七頁より引用）。

八章 「家庭の食卓」から

わたしは、ジュネーブのルーテル世界連盟（ＬＷＦ）・世界宣教部および神学研究部で通算一五年勤めた。その間、一九六七年十月下旬、ヴィッテンベルク市の宗教改革四五〇周年記念祝典参加に先立つ一週間を、ザクセン福音ルター派州教会監督、Ｇ・ノート博士（一九〇五〜七一年）に同行してアイゼナッハから北上、その途次ライプチヒを訪れて、ヴィッテンベルクの祝典に辿り着くという、今でも深く印象に留める（当時は東独での）旅路があった。

ライプチヒでは、かつてＪ・Ｓ・バッハがカントル（音楽監督）に就任して、年間約五〇曲にも及ぶカンタータを作曲し、毎週演奏したゆかりのトマス教会を埋め尽くす壮大な記念礼拝に参与したときのことである。ＬＷＦを代表してメッセージを、時の厳しい管制下、説教壇上からではなく、座席からマイクを通して伝達し終えるや否や、満場の拍手が起ったのが今もって脳裡に浮かぶ。

次いで思い出に残るのは、ヴィッテンベルクの祝典での諸行事、殊に日本から参与された徳善義和教授、日本基督団議長、故鈴木正久先生の方々との久方ぶりの再会もあった。とりわけルターハウスの「ルターの部屋」で見た『卓上語録』のあの大きな食卓を目前にした時の感激は忘れられない。

このヴィッテンベルクのルター家の食卓からわたしは、連想する。第一章冒頭で記したように、わたしは一九四八年春、他教派より京都のルーテル教会へ転会を願い出たところ、牧師であった岸千年先生は、早速にルターの『小教理問答』と『キリスト者の自由』を読むように言われた。

『キリスト者の自由』は、たまたまテキストになっていた青年会の読書会で読むことになったが、『小教理問答』の方は、自宅で、声を出して、できれば家族と共にということだった。何事も「問答無用」の戦争も末期、わたしは、疎開で遠縁の禅寺に身を寄せていた頃、「禅問答」などには意にも介さなかった。それでも、座禅を幾分心得て読経の経験もあったせいか、わたしは、声を出して読むことには、素直に納得した。しかし、「自宅で家族と共に」には少々戸惑ったことを覚える。自宅で、家族と共にとはどういう意味か。

『日曜日に読む荘子』、『もしも老子と出会ったら』、『下から目線で読む「孫子」』や『孔子はこう考える』の著者、山田史生弘前大教授の最近作『はじめての「禅問答」、自分を打ち破るために読め！』（二〇一三年）の言葉に思い至った。著者は、禅問答理解の鍵に「いま・ここで」を挙げているようだが、全く同感である」。「いま、ここで」は、岸先生の言葉では、「わが家」でという場所、つまり「生活の座」ということになる。

一九八〇年七月、五日間の東独への家族旅行でヴィッテンベルクを再び訪れた。早速、「ルターの部屋」へ行き、妻と子どもたちにルターの食卓を見せ、『卓上語録』について話し合った。わたしは、その後も、このルターの町を訪れているが、わたしの妻グロリアも、わたしとは別に三度にわたってヴィッテンベルクを訪ねる機会をもった。その都度、旅程の筆頭に「ルターの部屋」訪問を位置づけていたようである。

この「卓上語録」のテーブルは、わが家の夕食時の話題ともなった。家族旅行で購入した、その版画は目前の本棚にいまもって大切に飾ってある。

あのルターハウスの食卓でのこと、一五四〇年九月一七日、ヨハン・マテシウスが記録したルターの卓上語録のひとつがある。

牧師や説教家は、いったい政府を叱責する力をもっているものかどうかについてマルティン・ルター博士に尋ねたところ、ルターは、「まことに然り。政府は神の設けられたものではあるが、神は不徳や非行を罰する権利を保留していたもう。従ってこの世の統治者が、もしも貧しい市民たちの財産を高利貸や悪質な管理によって浪費したり破産させたりしているならば、大いに叱責すべきである。しかし、説教者が、こまごまとパンや食肉などの値段をとり決めたりすることは適当ではない。一般に、牧師たちは人びとに対して、神がそれぞれに命じ給うことを、各人の召命に応じて忠実に信仰をもって行ないうるように指示し、その結果、人びとが盗んだり、姦淫したり、物をまきあげたり、人をこきおろしたり、だましたり、隣人を利用したりしないようになるためである」と語った。傍らルターは、政治の任にある者には、「君主諸侯たちは、偽証や公の神冒瀆などの犯罪を抑圧しなければならないが、ただ、その人たちが信ずべきか、信ぜざるべきか、あるいは、秘かに呪うのかどうかを強制的に調べるようなことがあってはならない」とも語っている。

いつの世でも宗教と政治、教会と国家の関係は重大な課題である。ルターにも『この世の権利について、人はどの程度までこれに対し服従の義務があるのか』（一五二三年）ほか多くの関連する著作もあり、ルター研究者の間で、「二王国（統治）論」や「律法と福音」の論題が重要であり続けることも事実である。

ただそのような神学的課題が、円卓会議どころか、それこそ身辺事よろしくルターハウスの食卓を囲んでの話題であったことには、ぜひ着目したい。アリストテレスの「逍遙学派」や孔子の『論語』と較べても興味ぶかいものがある。百巻を超える『ワイマール版・ルター著作全集』のうち六巻にも亘って七千余のルターの語録を収める『卓上語録』には、今日ささやかれる家庭の「食卓崩壊」をリフォームする、ルターの牧会者としての面目がみなぎっている。

食卓崩壊と言われるが、かつての日本は大家族制で、みんながひとつの食卓を囲むことが習わしであった。戦後の経済発展とともに、核家族化が進んだ。そうしていまは、核家族もばらばらになりつつある。子どもが成長するに従って、食卓を共に囲むことがなくなってきた。この家族崩壊を、「食卓崩壊」と言えるのである。家庭の食卓といえば、ルターは、卓上、いわば「ちゃぶ台」での「教理問答」を、日常生活の跳躍台にした第一人者でもあった。

戦後日本では、道徳教育の必要が、繰り返し叫ばれてきた。いま、二〇一五年にも、道徳教科書の改訂や、公立学校での、大学ですら、日の丸掲揚や、君が代の斉唱が強制されつつある。わたしは、道徳教育には、家庭教育が核心に据えられてしかるべきだと確信し続けている。ルーテル教会に、家族とども身を置くせいでもあろうか。

わたしは、一九九四年から二〇〇一年まで、アメリカ・シカゴより帰国して熊本は九州女学院（現九州ルーテル学院）に勤めるようになり、短大、それに九州ルーテル学院大学の学長の職にあった。その間、短大の男女共学四年制大学改組転換の激務があった。二〇〇一年、七十三歳で九州ルーテル学院を退いて、愛知県刈谷教会の牧会委嘱を二〇〇八年まで受けた。刈谷教会では、妻グロリアの提案で、女性会の通称を「カタリナ会」とした。ルターの妻カタリナ・フォン・ボラの名にちなみ、また「語ろう会」の意味合いも付したのである。しかも、「カタリナ会」の案内の裏面には、「妻、母親、助言者、家内、マネジャー、実践神学者」の肩書をもつカタリナの肖像があしらわれた。家庭教育における女性、特に母親の大きな役割を、刈谷の女性たちも、実践的に学んだことであろう。

家庭の教育は食卓からという思いに立って、ルーテル教会の信仰告白上も、きわめて大事な位置づけをもつ『小教理問答』についても考えていきたい。

農民戦争によって疲弊した教会再建のためザクセン侯の指命で、ルターは、同僚たちと、一五二六年から二九年にかけて領土内の宗教情勢を数回巡視した。信徒の多くがキリスト教の教えに疎く、それに牧師たちの指導力不足を目撃した挙句、まず牧師向けに『ドイツ・カテキズム』(後に『大教理問答』と呼ばれる) 信仰書を著し、続いて一般信徒向けに、十戒、使徒信条、主の祈り、洗礼、罪の告白、聖餐式などの意味を問答形式で「一家の主人がその家族に教えるために」極めて簡潔平明に編纂し、一九二九年に『小教理問答』として出版した (二〇一四年、ルターの『エンキリディオン (必携) 小教理問答』ルーテル学院大学ルター研究所訳がリトンより発行されたが、本書では、長年用いて暗誦してきた本論だけの内海季秋訳『小教理問答書』から引用)。

前章で詳述したように、日本福音ルーテル教会の教義として、教会憲法には、まず、旧・新約聖書が

「信仰と行為の唯一完全な規範」であるとし、続いて、信条としては、使徒信条、ニケア信条、アタナシウス信条の三公同信条が「聖書の教理と教えに一致するものである」ことを列記し、さらに続いて、変更されていないアウグスブルク信仰告白と、それに並んで、ルターの小教理問答、この二書がまず、「神のことばに基づき、信仰及び教理を正しく表明するものであること」を認め、信仰告白を守るものとしている。それに引き続いてアウグスブルク信仰告白弁証論とルターの大教理問答、シュマルカルド信条及び和協信条が、「アウグスブルク信仰告白と同じく、聖書の教理と教えに一致するものであることを認める」としている。

このように、小教理問答が特別な位置にあることを前提に、小教理問答の内容の組み立てを見てみよう。はじめに、「十のいましめ」と「主の祈り」と「使徒信条」が置かれ、それぞれ、「これはどんな意味ですか」と「答え」というふうに解説されていく。ここでは、「使徒信条」を別にして、「十のいましめ」と「主の祈り」の章節に絞ってその意義を集約したい。

それは「十のいましめ」での「なにものにもまして……」と、「むしろ……」の繰り返し、「主の祈り」における「わたしたちの祈りがなくても、……」と、「しかし……」を執拗に反復する構成のことで、この反復という脈絡においてこそ、実は問答書全体を俯瞰することができると考えるからである。

たとえば、「第一のいましめ」に、「あなたは他の神々をもってはならない」、「これはどういう意味ですか」への答、「わたしたちは、なにものにもまして、神を恐れ、愛し、信頼すべきです」がある。この「なにものにもまして」が、「第二のいましめ」以降、すべての「答」の冒頭に繰り返される。ついで「それで」、あるいは「むしろ」に導かれる「肯定、積極化した能動的な答」の列記である（例「あなたは殺してはならない」という第五のいましめ」の意味への答に、「殺すな」ということは、隣人を「助け、励ませ」という勧めになる。『主の祈り』の第三の願いへの答は、「わたしたちの祈りがなくても、神のよい、恵みあるみこころは、たしかに実現するのです。しかしわたしたちはこの祈りにおいて、みこころがわたしたちのところでもまた実現するように祈るのです」とある）。

ルターは『小教理問答』を「エンキリディオン（必携）」と名付けたが、『十のいましめ』と『主の祈り』に至っては、それこそ万人の「座右の銘」であると言いたい。

ルターは「筆まめ」でもあった。

「ふでまめ」を辞書で引くと「筆忠実」と出た。約二千五百八十通のルターの手紙が現存するという。手許のアメリカ版『ルター著作集』四八巻から五十巻までの三冊には、よく選択された三二五通の手紙が収録されている。ワープロ、パソコンやスマートフォンのない時代、聖書翻訳、説教、討論、講義、会議出席、著作、作詞・作曲から社会活動にわたって多忙極まるなかで、牧会に忠実なルターがよくぞ書き送った書翰の数々である。

ルターは、一五〇一年、十八歳でエルフルト大学に入学、学業に勤しんだが、一五〇五年、突如、アウグスティヌス派の戒律の厳格な修道院に入ってしまった。父の落胆と怒りは大きかった。しかし、一五〇七年、栄えある司祭に叙階（任職）されたとき、父は、二〇人の村の仲間を連れてお祝いにかけつけてくれた。むかしのことだから、みんな、馬に乗って来たと言う。しかし、食事の席で、父は息子に、「おまえは、『なんじの父と母とをうやまえ』という聖書のことばを知らないのか。老父母を捨てて、いいと思っているのか」ときびしく言った。

それから十四年、ルターは三十八歳、宗教改革運動の最中にあったが、一五二一年十一月二十一日付で、父親のハンス・ルター宛に、キリストの言葉を引用した手紙を書き送った。

「わたしよりも父または母を愛する者は、わたしにふさわしくない」と言われていますが、この言葉は何ら両親の権威をこわすものではありません。その証拠に、弟子たちはしばしば、子供たちが彼らの両親に従うべきことを主張しているからです。しかし、万一にも両親の権威がキリストの権威や招きに矛盾した場合には、そのときこそはキリストの力だけがすべてに勝らなければならないのです。

ルターは親子の孝行関係を否定しないばかりか、むしろ明確にそれを神の創造秩序に位置づけており、こうも書き添えている。「いったい今何をお考えですか。あなたはそれでも私を修道院から出そうとなさるのですか。あなたは私の父親です。私はあなたの息子に変わりありません。私の誓いはすべて無価値のものです。あなたの側に神の権威はあって、私の側には人間的な推測があるだけです」と。父も母も、信仰篤い人たちであった。息子の決断を受け入れ、よい親子関係が保たれた。ルターは、父母の死に臨んで、それぞれに、キリストに信頼し、委ねるように、励ましの手紙を送っている。

こうした立場から、子供の婚約などをめぐる親子関係や、そのほか家族の事柄についてルターは、適切な牧会的配慮と指導を行なったのである。つまり、家庭の牧会配慮の適切性は、両親の権威を拒否することによってではなく、それを神が創造された自然秩序にある神の究極的権威のもとに位置づけることにあった。ルターはその脈絡で、子供たちを両親の権威の下におくと同時に両親を神の権威の元においたのであった。

結婚問題に関するルターの手紙の中に、ヴィッテンベルク大学の学生ハンス・シュナイデヴァインの母親に宛てた書簡がある（一五三九年六月四日付）。「前にもお便りしたとおり、子供たちは、両親の同意なく婚約すべきであるとは思いません。しかし同時に両親もまた、子供たちがただ両親を喜ばせるように、彼らを強要したり拒絶したりすべきではありませんし、そうあってはならないことも書きました。両親と子どもたちは、あくまでも同意に達するべきです」。

「筆まめ」なルターは、誠実な牧会カウンセラーだったのである。同時に、度々言及してきたように、後々の神学論議、殊に社会倫理の領域での「律法と福音」の課題に、貴重な示唆を与えた神学者であった。

家庭教育ということを先に述べたが、ルターの宗教改革の実際が、「説教改革」、あるいは「礼拝改革」という運動で進められたとすれば、同時に、それはまた社会的な「教育改革」運動でもあったといえよう。ルターは、一五二〇年には『ドイツのキリスト者貴族に与える書』を書いて、当時の宗教、社会、教育などの諸状況と取り組み、ローマ教会が堅固にめぐらした「三つの城壁」(第一は、すべてのことにおいてローマ教会が世俗の力にまさるという城壁、第二は、教皇のみが聖書講解の権威をもつという壁、第三は、公会議の召集権は教皇のみに属するという壁)を攻撃したのち、二十八項目にわたって「改善に役だつ諸条項」を提案している。その「第二十五の問題として」では、当時の「罪と誤謬を増し加える方向にのみ向けられた」教育の在り方への「有益な、著しい改革」を訴えている。四年後の一五二四年には、六年を経過した宗教改革運動に伴う教育改革の実際上の課題を『ドイツ全市の参事会員にあてて、キリスト教的学校を設立し、維持すべきこと』と題して広く世に問い、かつ時の為政者に宛てても教育問題を提起したのである。

ルターの教育に対する深い関与は、直接に教育の専門家という立場からではなく、あるいは、教育学者という特別な関係からでもなく、それはルターの「牧会の務め」から湧き出た配慮そのものであった。いわば「牧会の職務」の中で教育は重大な位置をもつわけである。ルターは、「私としては、説教の務めやその他の事柄から離れることができるか、離れなければならないとすれば、校長や、少年教育の教師以外の職務にはつきたくないものだ。なぜなら、この仕事が説教の務めに次いで、最も益のある、最大、最善のものであることを私は知っているからだ。さらに言えば、両者のうちのどれが最善のものであるか、まだわからないでいる」と言っている。一五三九年の著作『公会議と教会について』では、教師と説教者を並べて、「牧師と学校の教師は、庭に若木や苗木を植える者だ。そうだ、彼らは貴重な務めと働きをもち、教会の最もすぐれた宝石であり、教会を保持していく」とも述べている。翌年の九月にマテジウスによって記録された『卓上語録』によると、ルターは次のように語る。

もし私は説教者でなかったとすれば、いったい、学校の教師以外に、この世で考えうる務めをほかに知らない。人は、世界がいかに教師に報い教師を考えるかではなく、いかに神が終わりの日に教師を思い、その働きを称賛するかを見なければならない。

ルターにおいては、教育とは、直接に教会形成に役立つ、あるいはキリスト者の人格形成に資する「手段」ではなく、社会・隣人への奉仕をふまえた「神奉仕」へと人を押し出すものであった。ルターは説教の中で「神は子どもを与え、これに糧を与えたもうが、それは、あなただけが彼らを好きなように扱い、あるいは、この世の華美に向けて教育するためではない。あなたが彼らを礼拝（神奉仕）へ向けて教育することが、真剣にあなたに命じられているのであって、さもないと、子どもやすべてのものとともにあなたは全く根を引きぬかれて、あなたが彼らにかけているものはことごとく罪に定められてしまうことだろう」と語る。それだけに、究極的に教育の核心となるものは「神の教育」であり、神の言葉の教育と、神の言葉に生かされる者、すなわち信仰者たる教育者のことが深い関心事となった。「なかんずく、高等の学校においても、初等の学校においても、聖書がいちばんたいせつな、また最も一般的な課目であり、若い子供たちのためには、福音こそ最もたいせつなまた一般的な課目でなければならない」とルターは言っている。

わたしは、熊本の地で、既述どおり、大学設置後も、理事会にあって、九州ルーテル学院で、幼稚園から大学までの学校教育に携わった。その中でも、日本における高等教育の重要性と、神奉仕の可能性を覚えた。インスティチューショナルな教育については、別の機会に取り上げよう。

小教理問答に戻って、学校と家庭における教育のそれぞれの重要性を述べつつも、ルターが、やはり、家庭が教育の中核となるという『小教理問答』を書いた脈絡が大きな意味を持ってくる。小教理問答のまえがきでは、それが「一般の牧師、説教者のために」と書かれてはいるが、しかし本文の各部が、「家長がその家の者に対してこれらをいかに単純に教えるべきかについて」と丹念に前書きされているわけである。この脈絡は、決して見逃がされてはならないと重ねがさね思うものである。

今日、小教理問答の学習は、洗礼準備や、堅信への学びとして不可欠になっており、通常、半年から一年をかけて、教会で牧師の指導のもとで行なわれている。私事にわたることながら、わが家の子供たちはいずれも幼児洗礼を受けていたので、堅信であるが、長男は、日本福音ルーテル保谷教会で、二男と三男は東京教会、四男と末の長女は、スイス・ジュネーブの福音ルーテル教会だった。それぞれ指導していただいた牧師方はちがい、教会の雰囲気も、日本語、英語と用語も異なったが、ただ共通していたことは、教理問答のクラスの行なわれた日の夕食時には、よくその日のクラスの模様が食卓の話題となったことである。

九章　単純に語り、教える「普通」のもつ有り難さ

わたしは、埼玉県飯能《はんのう》市にある私立聖望学園中学校の第六十二回卒業式（二〇一三年三月十四日）に招かれ、講演を兼ねた祝辞を述べさせていただいた。

聖望学園というのは、日本ルーテル教団が設立したキリスト教主義の学校で、中学校、高等学校がある。日本ルーテル教団というのは、アメリカのルーテル教会の一教派で、ルーテル教会ミズーリ・シノッドと呼ばれる教団が、戦後、日本伝道を開始して、そこで成立した教会である。

しかし、埼玉県の西、秩父に近い地方都市に、どうして学校が創られたのであろう。理事長の神田秀夫先生によると、飯能にも、終戦後、占領軍であったアメリカ軍の小部隊が駐屯した。クリスチャンの兵隊がいて、薬局をやっていた神田先生のおとうさんと知りあい、家庭で聖書研究会が開かれるようになり、やがて宣教師が来て、飯能ルーテル教会ができる。

飯能には、大正時代から、飯能実業学校という農蚕科、商業科の学校があった。戦後の学制改革で学

校の運営が困難になり、ルーテル教会の宣教師に相談したところ、ミズーリ・シノッドの支援で再建され、キリスト教主義学校として現在に至った経緯がある。

地元に密着した実業学校に、接ぎ木された聖望学園が、「中等普通教育」の機関として大きく花を咲かせていると神田先生からお聞きしたが、いちばん心打たれたのは、外国語教育の充実などの聖望学園の教育目標の中に、第五、「毎日の生活を大切にし、聡明さと協調性をもって、明るく生きる家庭人」を育てるとの明記である。

わたしは、ルターの教えの中でも、『小教理問答』に学ぶ「ふつう」ということに注目しているが、このルーテル系の中・高校にそれを見たのである。そこで、聖望学園中学校で「ふつうの大事さ、有り難さ」を述べたことの要旨を示そう。

本日、中学校の第六十二回卒業証書授与式にお招きいただき、感謝いたします。実は、わたし自身、七十二年前、その頃五年制度の中学校へ入学しました。ところが、その年の十二月には太平洋戦争が始まり、やがて、学童疎開や軍需工場への動員やらで、結局、中学の卒業式を経験しておりません（後に郵送されてきた一枚の終了証明書だけでした）。子供や孫たちの、それに、以前、院長、学長として関係した、熊本の九州ルーテル学院での幼稚園や、中学、高校、短大、大学の卒業式には参与しましたが、本日のこの卒業式には、まことに感銘深く参列させていただいております。

皆さんと、この記念すべき日を覚えて、わたしたちの人生にとって大事な「普通教育」の「普通」と言われていること、それに中等教育の意味を改めて分かち合いながら、お祝いを申し上げることにいたします。

卒業なさる皆さんは、この大事な「中等教育」を終了することで、「普通教育」をまとめあげられたのです。「普通」という言葉が、わたしたちの生活から次第に遠のいて行くような有様です。たとえば気象庁が使い始めた天気予報用語では、「平年並み」が殆ど聞かれず、「猛吹雪」に警戒とか、「猛暑」や「猛烈な雨」と、このような形容詞、副詞の幅が拡大してきました。現に、天気予報だけでなく、「予想外」や「想定外」の事柄だらけです。「不安」で「落ち着かない」状況に囲まれているような今日の世界です。

こうした中では、この「普通」という言葉が、何か「特別」に聞こえるようになってきたとも言えます。それだけに、この「普通」ということが、非常に大事な事柄になってきました。その意味は、まず「ごく身近で自然なこと」です。それに「ひろく一般に通じること、誰にでもすぐにわかること」です。「どこにでも見受けるようなものであること」です。それに「常日ごろ」の意味に重点をおいた「普段」にも通じて「普段の生き方」であり、極めて身近な「普段の心がけ」にもなるのです。

これから、卒業生の皆さんは、それぞれ自分の進むべき方向を見定め、得意とする領域を決めて行くようになるでしょう。それだけに、まず、しっかりとした「常日ごろ」、「普段の生き方」を身に付け、「常識」を備えておくことが求められます。「常識」とは英語でCommon Senseすなわち、私たちのこの社会で「共通、あるいは共有できる感覚や意識」を持ち合わせることです。

実はこうした大事な九年にも及ぶ「普通教育」の、三年にわたる「まとめが中等教育の「中等、中」の意味するところに重なるのです。辞書によると、この「中」には、(鬼は外、福は内)のように「外」に対する一定の区画・範囲の「内」とか、(小、中、大学)のような、三つのものの「中央」だとか、(ちょうど今週のような)ひと月の「中旬」といった、大体八通りもの意味があります。その多様な意味合いの中から、とりわけ、「心の中」の「中」と、しばしば「友だち仲間」と云われるときの「仲」と同じように用いられる、男女、夫婦、親子、兄弟姉妹、友だちなどの「人間関係」を意味する「中」に注目したいのです。

中学卒業の皆さんは、これから、いよいよ、各人各様の生き方を目指して進まれるでしょうが、「心の中」と「人間関係」をその大元に据えた「常日ごろ」、「普段」、「普段の心がけ」ということをしっかり習得されたのを記念するのが、今日の卒業式なのです。しかも幸いなことに、聖望学園の教育理念に沿って、「神を敬い、人を愛し、正義を重んじ信仰にたつ人間の形成」を目的に据えた「中等教育」を受けられ、九年にわたる「普通教育」を目出たく終えられたのです。ほんとうに、お目出たいことです。

たえず想い起こしましょう。この学園のモットー、「敬・愛・信・義」を。このもとにある聖書の言葉、すなわち、「兄弟愛をもって互いに愛し、尊敬をもって互いに相手を優れた者と思いなさい。怠らず励み、霊に燃えて、神に仕えなさい。希望をもって喜び、苦難を耐え忍び、たゆまず祈りなさい」を（ローマの信徒への手紙一二章一〇―一二節）。

卒業する皆さん、ご家族やお友だちの皆さん、心より「お目出とう」とお祝いを申し上げます。全能の神さまによって備えられた、聖なる希望、「聖望」をもって、元気よく、明日への歩みを続けられるよう、お祈りいたしております。

さて、このように、キリスト教主義学校の地域社会における貢献、すなわち、キリスト教の持つ信仰告白（信条）の地域における具体的、現実的告白性を、ルターを通して見てみたいのである。

前章の末尾で、ルターが『小教理問答』の各部毎に、「家長がその家の者に対して単純に教えるために」と丹念に前書きしていることを指摘したが、この「単純さ、分かり易さ」ということが、実は改革者ルターの活動の基盤にあったことをさらに考えてみたい。

ルターはまず説教者としての深い自覚から、説教は、「分かり易さ」（日常具体性・社会性・伝達性）を持たねばならないとした。


わたしは説教するとき、深く沈潜する。わたしは、この教会に集まる四〇人ばかりの博士や行政官たちには目もくれない。しかし、わたしは、二千人以上もいようか、その多くの若い者たちや子供や召使たちに目をとめる。その人たちに、わたしは説教し、彼らのもっている願い求めにわたし自身をさしむけるのである。では、ほかの人たちは聞かないのか。いや、戸口はいつでも開いている。……わたしは、説教者たちの野望が増大するのを見るが、これは教会にとって全くわざわいとなろう。しかも、不和と混乱を生み出すであろう。……正しい、真実な説教家は、その説教を貧しい人たち、単純な人びとへ向けるべきである。ちょうど母親がその子をなだめるように。……

このような中では、説教者は、単純な人たちや無学の者たちが考えて理解しうるように、単純に説教し、教えることが肝要である。その人たちがわたしのところへやって来たり、フィリップ（メランヒトン）やブーゲンハーゲンのところへ来たなら、どれほど彼らが説教から学んだのかを聞き出すとよい。そういう出会いが必要だ。公の説教で、ヘブル語やギリシア語、ラテン語をちりばめ

て聴衆を魅了しようとするのは虚栄であり、全く場所をわきまえない仕ぐさである。(『卓上語録』より)

そういえば、ルターの聖書翻訳の膨大な作業の根底にあったドイツ語文章構成においても「民衆の口に示した」口語に近い、短くて含蓄のある文言を選択したり、併せて、時の行政機関でも通用しうる統一的な言葉、つまり「一般的ドイツ語」を採用したのは画期的で意義深いことだった。ルター訳のドイツ語聖書が翻訳史上様々な批判に遭い、各様の改訂が行なわれたことも事実ではあるが、しかし今日、世界中各国各地域で、ラテン語以外の、日常生活のただ中で共有できる「口語、普通語」で聖書を読みうる幸いを分かち合うことができるのであるが、その先覚者ルターを有り難く偲ばずにはおれない。

ルター自身、「おそらく奴隷意志論とカテキズムだけが自分の真正の書物だと思う」と友人のヴォルフガング・カピトー宛の手紙でしたため(WA Br.8,99,7f,『ルター研究』7、ルーテル学院大学、二〇〇一年所収の高井保雄「レトリックから観たルターのカテキスム」より転載、七九頁)、さらにアメリカの著名な教会史家、ウィリストン・ウォーカーの古典的著作、*A History of the Christian Church*(邦題、『キリスト教史』)の中で「宗教改革の最も高貴な金字塔の一部」と激賛される『小教理問答』の著作に、実は、この単純で分かり易い「普通」が漲《みなぎ》っていることに再度言及しながら、「普通のもつ有り難さ、大事さ」を味わい知りたい。

かねてより、わたしは、ルターの『大・小教理問答』のほか『ハイデルベルク信仰問答』（改革派）や『ウェストミンスター大教理問答』（長老派）もあり、教育学上の「問答法（Katechism）」を調べ始めた。殊に哲学者カントの「道徳的問答法」への論及以来、教育における「道徳的問答法」と「宗教的問答法」の相関関係などの論議なども踏まえて一時、その分野に興味をそそられたことを想い出す。

実は、わが国でも、海外に学ぶこと急だった明治の前期、小学校に「問答」という教科が存在した記録がある。教育家ペスタロッチの理論に基づき、書物的な知識を詰め込むことで始めるのではなく、会話を重ねるなどして理解を促すという計らいで、明治五年東京に創設された師範学校において新しい小学教則編成にとりかかった時のこと、当初の師範学校「下等小学教則」における教科の中心は読物・算術・習字・問答となり、「問答」は近代教科の一部を構成する内容教科を総括するものと考えられたという。その「問答」も、やがて明治前期の翻訳の教科書、授業法に倣う時代が過ぎ去ると共にわが国の教育界では姿を消していった経緯がある。

こうして、牧会者としてのルターを見つめる中で、わたしは、ドイツ全国民にドイツ語版聖書を読めるだけの識字を保証し、「国民学校（Volksschule）」なるものの構想の中で義務教育の学校設立を呼びかけた教育改革者としてのルターに、改めて注目し続けた（金子晴勇『教育改革者ルター』二〇〇六年、参照)。

前述どおり、聖書を誰でも身近に「口語で」読めるようにした翻訳者ルターの業績はもとより大きいが、併行して「親は子どもを『学校』に通わせるべきだ」という「義務就学」を主張してルターが、一般初等義務教育という考えを導入し、新しい教育制度を打ち立てたことも、併せておぼえたいのである。

ここで、両親か行政当局者かと、いずれに子ども教育の責任の重さが大きいかを論じるまでもなく、『人々は子どもたちを学校へやるべきであるという説教』では、各地に設立されつつあった学校が十分に利用されるように、牧師、説教者、両親たちにルターは広く勧告している。家族、国家、制度としての教会を神の創造秩序における統治の形体として、ルターはそこに明白に教育を位置づけ、しかもこの配慮と実施が、現実に、いかに効果的に具現されるべきかを、この世における神の統治形体に基礎づけながら勧告したのである(これが、いわゆる律法の第一の[政治的]用法の一側面)。その『説教』のむすびで、「しかし、領民が子どもを……学校にやるように強制する責務が、ここでも統治者側にもあると、私は考えている。すなわち、上に述べたような職務や職分を維持し、説教者、法律家、牧師、書記官、医師、学校長などが存続するように見届ける責務が、本当に統治者側にあるのである。なぜなら、それらのものなしでは世間はすますことができないからである。戦争をしなければならないときに統治者が領民を強制して、能力のある者が槍や鉄砲をかついだり、城壁のうえを走ったりするように仕向けるのであれば、なおさらのこと、統治者はここで領民を強制して、彼らが子どもたちを学校にやるようにしうるわけだし、すべきでもある」と勧める。今日でも、ぜひとも留意すべき勧告である。

十章　ルーテルDNA　1
――神の言葉に「とりつかれる」

日本福音ルーテル教会の元総会議長、内海望牧師の著書に、『ルターに魅せられて』（聖文舎、一九八七年）というのがある。実に、マルティン・ルターには多くの人が魅せられていく。

いちばん世界的に著名なのはローランド・ベイントン（一八九四～一九八四年）であろう。教会史家であるが、宗教改革を中心に、しかも、ルターに特化して著作を著している。中でも、『我ここに立つ―マルティン・ルターの生涯』（青山一浪・岸千年／共訳、聖文舎、一九六二年）は、世界の各国語に訳され、多くの人々に読まれてきた。父は、平和・不戦主義の牧師であったが、ベイントン自身も兵役拒否を貫いた。アメリカのイェール大学の教授となったが、ヨーロッパに赴いて、宗教改革の周辺を研究するうちに、「ルターがわたしを捕えてしまう」という体験をする。

日本では、まず、内村鑑三（一八六一～一九三〇年）であろう。彼は、自分の心に近い者として、パウロとアウグスティヌスとルターを挙げ、さらには、「自分はルーテル信者である」とまで極言したと言われる（高橋三郎・日永康『ルターと内村鑑三』教文館、一九八七年）。のちには、ルターの改革を改革せねばならぬと批判的な発言もあるが、内村もルターに魅せられた人である。

内村の愛弟子であった藤井武（一八八八～一九三〇年）は、ルター伝の名著、リンゼイの『ルーテルの生涯及び事業』を翻訳している（岩波書店、一九〇〇年）。

なにがなんでも挙げなければならないのは、佐藤繁彦であろう（一八八七～一九三五年）。彼は、東京大学大学院に在学中、ルターの『キリスト者の自由』を読み、すっかりとりつかれて、ルター研究を自分のライフワークとした。ルターの翻訳に精力的に取り組み、さらに、『ローマ書講解にあらわれしルターの根本思想』によって、京都大学から文学博士の学位を得た。月刊『ルッター研究』を発行し、多くの門下生を訓練したが、日本ルーテル神学校の教授に就任まもなく、ガンのため、四十八歳で亡くなった。この人こそ、狂ったようにと感じるほどに、ルターひとすじに生きたと言えよう。

さらに、佐藤繁彦を慕って、日本ルーテル神学校に入学し、その年の佐藤の死によって、講義を受けることができなかった北森嘉蔵がいる。しかし、北森の場合は、ルターに魅せられ、捕えられ、さらにそこから、神の言葉に「とりつかれて」しまった者として、この章のあとのところで取り上げたい。

さて、「ルーテルＤＮＡ」という本章の標題は、時の話題にあやかる造語ではない。数年前（二〇一〇年）米国訪問中、娘家族の在籍する教会のジェームズ・Ｇ・コブ牧師から署名入りで戴いた『*Lutheran DNA: Testing the Augsburg Confession in the Parish*（邦題、ルーテルＤＮＡ―「アウグスブルグ信仰告白」を会衆と共に検証して）』（二〇一〇年）の書名拝借によるものである。

ルターは、ローマ・カトリック教会からすでに破門威嚇を受けていたが、一五二一年、正式に破門を宣告された。その後、ヴァルトブルク城に幽閉され、新約聖書のドイツ語訳を完成させ、ルターに同調する人々は増え続けた。

ドイツは、神聖ローマ帝国といって、皇帝にカール五世をいただいていたが、国内は多くの領主がいて、それぞれに治めていた。この領主たちの中にも、ルターの主張に加わる者が出てきたので、皇帝は、一五三〇年、アウクスブルクの町で帝国議会を開催し、ルター派の意見を聴取することにした。

ルターは、ローマ教会から破門され、帝国からは追放の刑に処せられていたので、同僚メランヒトンが議会に臨み、メランヒトンはルターの意向を汲んで、自分たちの明確な信仰基準を明らかにしようと、「アウグスブルク信仰告白」を書き上げ、これが公の場で陳述された。ローマ・カトリックとの政治的分裂を避けようとして、両者で受け入れられる基本的な問題にしぼったのだが、カトリック側はこれを斥けた。このことで、かえって、ルター派が結束し、また、この改革の流れに加わっていく領主たち（諸侯）、神学者たちも現れ、カトリックから分離していくことになった。

ルターの死後、一五五五年に、帝国議会が開かれ、「宗教和議」が結ばれた。これは、個人の信仰ではなく、領主選択によって、その領内のすべての民が、カトリックかルター派を選ぶということであったが、その結果、ルター派は、ドイツ国内での法的権利が認められ、漸次、福音主義教会と呼び交わされ、やがてルター自身の初志に逆らうものではあるが、ルーテルの名を冠する教会形成へと国際的に発展していくことになった。

そこで、いったいルーテル教会の素性とは？　をたずねて、ジェームズ・コブ博士は、都合四十年間牧した会衆と共に、『アウグスブルク信仰告白』を読み続け、一年の研究休暇を得て上梓した好著である。しかも、コブ牧師は、『ルーテルＤＮＡ』とこの本に名づけ、今日における課題を明らかにした。すなわち、わたしたちの中にあるルターのＤＮＡ、遺伝子を見出したのである。

さて、『アウグスブルク信仰告白』は、当初、論議を誘発し、『改正』や『弁証論』の刊行が続いた。第六章に述べた『改ざんを経ざるアウグスブルク信仰告白』は、メランヒトンが、カルヴァン派そのほか、他の宗教改革を目指すグループと妥協しようとしてルター派の信仰を弱めようとしたということで、「変更をしていない」と、わざわざ断るのである。

アウグスブルク信仰告白は、よく読んでみれば、それは時の教会への挑戦状的な檄文ではなく、むしろ『使徒信条、ニケヤ信条』にのっとり、あくまでも聖書に誠実たろうと明瞭簡潔に告白する福音的な信条書にほかならない。「唯一の聖なるキリスト教会は、つねに存在し、存続すべきである」の第七条が「それ［教会］は全聖徒の集まりであって、その中で福音が純粋に説教され、聖礼典が福音に従って与えられる」と記述するのはその範例で、いわゆる宗教改革原理の「聖書のみ・恵みのみ・信仰のみ」を条文化して表明するものである。

そこで、ルーテルＤＮＡの第一点として神の言葉に「とりつかれる」さまを述べたい。

第二章のはじめに、北森嘉蔵博士について触れた。北森教授は、わたしが、日本ルーテル神学校入学時、そのお宅にしばし下宿をして、親しく教えを受けてもいる。熊本の出身で、第五高等学校在学中にルーテル教会で洗礼を受けたが、それは、市内のキリスト教会を巡る中で、ルーテル教会に他にない温かみを感じたが、なによりも、図書館で佐藤繁彦著『ルッターの根本思想』を見出し、その書を通してルターと取り組み、完全にルターにねじ伏せられたことによるのである（『神学的自伝Ｉ』、教文館、一九六〇年参照）。

まさに、ルーテルＤＮＡの継承である。しかし、また、北森先生は、神の言葉である聖書に沈潜し、日本ルーテル神学校卒業後、京都大学哲学科に学び、在学中に、（「ルッター主義的に語った」という）『十字架の主』を乞われて出版（昭和十五年、一九三〇年）、さらに、『神の痛みの神学』が、戦後、すぐの頃に著された（一九四六年）。『神の痛みの神学』は、その後、七〇年にわたって、世界の神学界に影響を与え続けている。

北森先生のルーテルＤＮＡは、その著書にあるように、聖書の言葉、特にエレミヤ書三一章二〇節にとりつかれているところにある。そのため、この書は、芸術家、文学者、ついには死刑囚にまで感動を与えているのである。

そもそも言葉といえば、ふつう、ある概念や思いを伝達する媒体として考えられるが、ルターが聖書を指して「神の言葉」というときの言葉には、言葉そのものが一つの恵みの出来事であり、力であり、彼自身に迫り、彼を呑みこむようであった。

まず、ルターにとっては、神の言葉を信じるものとは神の恵みを「所有する」ものであり、いや、神によって「所有されて」、とりつかれて生きるものである。

これは、通常、いわゆる「十字架の神学」という標題のもとで考えられてきていることであるが、十字架の主イエスによって、あわれみ深い恵みのうちに、友として受け入れられた人間の生の実態のことである。実に、神の言葉は「生きていて、力があり、もろ刃のつるぎよりも鋭くて、精神を霊魂と、関節と骨髄とを切り離すまでに刺しとおして、心の思いと志とを見分けることができる。……すべてのものは、神の目には裸であり、あらわにされているのである」(ヘブル四章一二―一三)。このように、神の言葉は人間に迫り、人間を無にひとしくするのであるが、ルターによれば、その時こそ、神がその人を、十字架につけられたイエス・キリストと結びあわせたもうのである。しかも、そこで神の言葉は人間にイエス・キリストを義としてお与えになり、そのとき、神は、人間をよみがえりのキリストとさらに深く、強く結びあわせたもう。

この「とりつかれる」さま、「呑みこまれる」さま、さらに「あらわにされ」「結びあわせられる」さまは、きわめて密であって、ルターは『キリスト者の自由』の中で述べている。

……神のこの約束は、聖なる、真なる、義なる、自由なる、平和ならしめる、またあまねく善に満ちたる言葉であるから、堅き信仰をもってこの言葉に固着する魂が、ただに言葉の一切の力に与るのみでなく、その力に飽き足らせ酔わせられるというように、言葉に融合せしめられる、否、完全に言に呑まれるということが起こる。……いかに言葉のもつ一切を魂に共有せしめることであろう。(『キリスト者の自由』第十より)

ルターが、さらに、婚姻関係の親密さにたとえて、それを描き出す消息である。

……花嫁を花婿に合わせるように、魂をキリストに結合させることである。……もし彼らが一体であり、彼らの間に真の婚姻、否、あらゆる婚姻の中でもこの上もなく完全な婚姻が成就されると――というのも、人間の婚姻はこの唯一の婚姻の貧しき模像なのだから――善にもせよ、悪にもせよ、彼らがもてるいっさいもまた彼らの共有のものとなるわけである。

このように、神の言葉に迫られ、呑みこまれたならば、「キリストと魂とは一体とされる」のであるが、しかし、ここで注目させられるのは、それが「世離れ」した神秘的な融合ではなく、いわんや恍惚状態ではないことである。そこでは現実にイエス・キリストとわたしという一人格の間に「共有」がおこり、そこに婚姻と同様に「喜ばしい交換」と「きずな」が生まれるわけである。この「共有」と「交換」、「きずな」の起る光景こそが、神の言葉に「とりつかれた」人間の生の現実態であり、今日、最も大事にすべき人間社会の基盤要素となろう。

ならば、その生の実体は画一固定的なものではなく、人間のもつ他のあらゆる関係と同じように、たえず動きのあるもので、そこには、成長もあれば沈滞もある。その振幅のある人間の生を鋭く感知し、それをあますところなく描出したところに、ルターの神の言葉理解の深みがあったわけで、「生ける神の言葉」のもつ親密な人格的出会いが重要視され、今度はそれを分かち合う隣人の存在が重視されることになる。「語られた言葉」とか「人格化した言葉」という表現が、しばしば用いられる消息である。しかもルターが「めぐみの手段」としての、神の言葉の「語られる」「生ける」性格を、神秘的、個人的にではなく、たえず日常、社会的に、信仰における隣人の存在を通して強調するゆえんである。

ルターが、実際に、しばしば陥った自己黙考から抜け出ることができたのは、隣人との具体的なふれ合いであり、関わりであった。およそよい牧会の働きは、健全な牧者から生じるであろうことは、ふつうに考え及ぶところである。ところが、ルターの場合は、むしろ、牧者としての彼のもっていた力が、彼自身の中からではなく、動揺しつづける彼を支えた神の言葉から、しかも、その神の言葉の福音を聞き、それを分かち合う隣人の存在から出てきたものであることは注目すべき点である。

このようにキリスト信徒が神の言葉に「とりつかれるさま」は、まさしく「ルーテルＤＮＡ」のもたらす成果の第一であると主張したい。

ここで、第三章でも触れた、『キリスト者の自由』について特筆しよう。ルターにとって大著作の年、一五二〇年八月に出た『キリスト教界の改善に関してドイツのキリスト者貴族に与える書』と『教会のバビロン捕囚』の二冊に続いて、『キリスト者の自由』は同年、十一月に出版された。三〇箇条からなる僅か二〇頁あまりの小冊子ながら「宗教改革三大文書」の一つとして知られるキリスト教信徒の必読の書である。前掲の二書が、ローマ・カトリック教会の基盤、「聖職者階層性（ヒエラルキー）」と「秘跡（礼典・サクラメント）」を批判する論争型の、それこそ「宗教改革的」書であるのに対し、本書は「福音の核心」を平易簡潔に表現し、本来キリスト者とはいかなるもので、どのように生きて行くのかを端的に述べたルターの会心作である。

当初は、ドイツ語、ラテン語の双方で出版、その後世界各地で訳され、今日までキリスト教文献の中では『聖書』の次に愛読されてきたと評される好著作である。邦訳でも、「石原謙訳、一九五五／二〇一一」、「田中理夫訳、一九五四／二〇〇一」、「徳善義和訳、一九八五／二〇一一」など。「注解書」も多数、北森嘉蔵『愛における自由の問題―ルター「キリスト者の自由」を中心として』（一九六六年）、徳善義和『マルティン・ルター「キリスト者の自由」全訳と吟味―自由と愛に生きる』（一九八五年）、『キリスト者の自由―訳と注解』（二〇一一年）、内海季秋『キリスト者の自由と愛―ルター「キリスト者の自由」を読む』（一九八九年）などがある。

本書は、まず、キリスト者は、すべてのものに対して「自由な主人」でありつつ、同時に「奉仕する僕《しもべ》（奴隷）」であるという一見矛盾する二つの命題を冒頭に掲げる。その聖書的根拠は、「わたしは、だれに対しても自由な者ですが、すべての人の奴隷になりました。できるだけ多くの人を得るためです」

と述べるパウロの言明（第一コリント九・一九）である。

ところが、標題を「キリスト者の自由と奉仕」とはせず「キリスト者の自由」だけに絞って、この二つの命題は根底では結ばれて一致している、と論を進める。それは、ルターが、「自由」は信仰によってのみ得られ、「自由」を得たキリスト者は、そこで始めて、隣人に対して「奉仕の愛」をもつことが可能になる、と確信していたからに他ならない（ローマ一三・八、「互いに愛し合うことのほかは、だれに対しても借りがあってはなりません」）。それに、この二つの命題「自由と奉仕」の一致こそがキリスト教信仰の真髄であり、信仰者の日常生活の実態であると結ぶ。これまで多くの注釈者たちが「自由と愛に生きる」とか「愛における自由の問題」などと副題を付けてきた消息である。

ただ、「文字ひとつ絆と書いて事が済み」と詠まれるように『絆』連呼への違和感「絆バイアス」を早くも示唆する精神科医の観察や、生物学、進化論者の世紀の論題である「利他的行動」などが囁かれる昨今、ルターの云う「自由」は、たんに「～からの自由（解放）」に留まることなく、「～への自由」という意欲的、積極的な内実をもつキリスト信徒の生き様に関わり、それは「キリスト・イエスへの信仰によって罪一切を赦され、全知全能なる神のご恩寵の福音が充溢する生き方から湧き出る自由」にほかならない。それこそが「奉仕」であり、「思い遣り」に堅く結びつく「絆」であることを学び取りたい。

最後に、わたしがルーテルDNAを受け継いだひとり、『我ここに立つ』の著者、R・ベイントン博士との出会いを述べさせていただきたい。

わたしは、三鷹の日本ルーテル神学大学・神学校（現ルーテル学院大学・日本ルーテル神学校）で教え始めて間もなく（一九七一年）、日本神学教育連盟（JATE）ならびに韓国の神学校連盟と組した東北アジア神学校連合会（NEEATS）の幹事を併任するようになった（一九七一〜七六年）。これらの機構はいずれも、既述のWCC・神学教育基金（TEF）と連繋していたため、おそらくわたしのジュネーブ出向期（一九六四〜六八年）のことが関わっていたのでろう。

神学教育界への新参者であるわたしにとっては、まず全国の大学神学部をふくむ神学校への訪問や、教授たちとの交流が始まり、韓国にまでおよび、協議会などを折に同労者たちとの交流を深めえたのは、多忙を極めたとはいえ、何よりであった。

その役職上、WCC神学教育基金の理事会へも参席するようになり、旧知の同僚たちとの接触も再開した。その理事会は、毎回開催地を加盟校で行なう方針で、一九七五年度は、前回のアテネからアメリカはコネチカット州、ニューヘイブンのイェール大学で行なわれた。毎回のことながら、会議中の昼食は、できるだけ学生や教授、スタッフたちも入り交じる大学のカフェテリアでとるようにしていたので、さすが名門校とあって、大勢の群の中の一テーブルで、わいわい学生たちとの会話を交わしながらサンドイッチを頬ばった。

食べ終えた頃、どこからとはなく、高齢の教授が近寄り、「今日は！」と流暢に話しかけてこられた。隣に、いとも気さくに坐り、英語で、「日本からの方ですね。わたしは、ローランド・ベイントンです」と話し出されたのには、驚きと喜びに震える握手を差し伸べるほか術がなかった。

わずか十五分余の会話は、当然、既述の『我ここに立つ―マルティン・ルターの生涯』のことだったが、すでに訪日もされていたベイントン先生のユーモラスな話しぶりに圧倒された。それに、会話中、そっと机下で、趣味の「似顔スケッチ」をされたのである。別れ際、「これ、おみやげに、どうぞ！」とハガキ大の台紙のわたしの似顔をくださった。いまもって、本のしおりとして温存している。

一九八一年、日本福音ルーテル教会の招きで、ベイントン博士は日本を訪れ、十日間ほど滞在して、各地で講演を行なった。ときにベイントン先生は八十六歳、お茶を飲みながら雑談をしていると、「ベイントンおじいちゃん」と呼びかけたいくらいの気さくさとあたたかさであったと、当時、日本福音ルーテル教会の事務局長として、お迎えにあたり、『道』と題した講演集の翻訳者である内海望牧師は記している。

わたしは、ルーテルＤＮＡの「いま、ここでの臨場感」を、ベイントン先生にも強く感じるのである。

十一章　ルーテルDNA　2

――「いま、ここで」の臨場感

まず、南アフリカのツツ師と、タンザニアの故ジョサイア・M・I・キビラ監督との出会いにまつわる話しから始めたい。

最初のLWF出向期（一九六四〜六八年）、世界宣教局のアジア担当主事として、時折、WCCの神学教育基金（TEF）のスタッフ会議に陪席する機会があった。当時、TEFのアフリカ担当は、南アフリカの聖公会出身のデズモンド・ムピロ・ツツ師で、言葉を交すことがあった。

神学教育基金とは、WCCの前身母体、国際宣教協議会（ICM、ロンドン、一九二一年）によって、当初、とくにアフリカの神学教育組織支援のために設立された機関で、長年、本拠をロンドン郊外、ブロムレイにおき、アジア、ラテン・アメリカの諸教会にまで及んで神学教育強化に関わった（一九五八〜一九七七年）ものである。

それから十年後になるが、わたしは、ＬＷＦ神学研究局長へ選任され、再度ジュネーブへ赴任した。そのとき開催された、第六回ＬＷＦ大会（タンザニア・ダレサラム、一九七七年七月）は、史上初の、欧米以外の当時「第三世界」と呼称されていたアフリカで開催された。しかも、In Christ – A New Community（『キリストにある新たなコミュニティー』）の標語のもと、当時、南アフリカ連邦時代から続く差別律法（一九一一年）を根拠に一九四八年に立法化した政策「アパルトヘイト」を国是とする南アフリカに向き合って、信仰告白の真髄にもとる、いわゆる“status confessionis”を、深刻な神学論議を誘発し抱え込みながら、大胆に宣言し、キリスト教エキュメニカル史上に、その成果を深く刻み込む会議となった（日本福音ルーテル教会からは賀来周一総会議長、近畿福音ルーテル教会から上野富夫総会議長が正議員として出席）。

当時、ＬＷＦ常議員会（現理事会）の一員であったわたしは、はからずも、その大会の三主題講演の一つ、In Christ – Together in Mission（『キリストにあって、共々に宣教へ』）を行なう大役を担ったのである。

ところで、南アフリカ共和国は、多くの民族から成っているが、金やダイヤモンドの産地としてオランダ、イギリスが長く植民地としてきたが、一九四八年、独立するに及んで、白人支配のもとに、人種隔離政策をとったが、一九九四年にネルソン・マンデラ大統領が誕生し、アパルトヘイトは廃止された。

かねてより、LWFはその世界奉仕局を通して、南アフリカ（当時はナミビアやローデシア［現ジンバブエ］、ボツワナなど隣接国を含む）の難民救済や黒人居住地問題に大規模な支援事業を行なっていた。主に現地採用のスタッフで運営されていたが、ジュネーブ本部のスタッフは白人種という理由で、南アフリカ政府から、出張ビザの発給を拒まれていた。

有色人種でも日本人は例外的に入国できるとのことで、わたしが一連の神学講演を行なうことで、ヨハネスブルグで開催される会議の日程に併せて、出向くことになった（一九八二年）。ビザ申請は難なく受理され、（パスポートにではなく）別封書類で届いた。

ところが、数日後、それが「保留」とされた。おそらく、その頃のわたしの講演やレポートなどの内偵結果だったことは明らかだった。早速、現地へ旅程変更や、引き続いてビザ取得促進の協力を各方面にお願いした。

その時、驚いたことに、前述の、かつてWCC神学教育基金の会合で知己を得ていたツツ師が南部アフリカ聖公会ケープタウン大主教を務める前、南アフリカ教会協議会（SACC）の総幹事になっていて、わたしのビザ発給について、強く働きかけてくれていたのである。

数週間後、許可がおりて、念願の南アフリカ（但しナミビアを除く）訪問を果たした。ヨハネスブルグ到着の翌朝、ツツ師が総幹事のSACCの祈祷会へ招かれ、真っ先に、双手を挙げて抱擁するようにわたしを歓迎してくださり、満場の拍手に涙を流したことは、今もって脳裡に浮かぶ。

わたしの感激とは何だろうか。信仰の仲間と、教派を越えて、共に居るという喜びではないだろうか。いま、ここに、こうして、信仰を一つにして立つという、「いま、ここで、の臨場感」と呼びたい。

ちなみに、デズモンド・ムピロ・ツツ師（一九三一年～）は、一九八四年にノーベル平和賞、さらに、宗教界のノーベル賞と言われるテンプルトン賞（二〇一三年）を受賞している。他に、ビリー・グレアムや、日本人では、立正佼成会の庭野日敬氏が受けている賞である。

再度、話をＬＷＦダレサラム大会に戻して、そのホスト役を務めたタンザニア福音ルーテル教会の監督、ジョサイア・Ｍ・Ｉ・キビラ師（一八二五～一九八八年）が、初のアフリカ出身ＬＷＦ議長に選ばれたことを述べたい。

タンザニア福音ルーテル教会の宣教開始は、一八八七年、ダレサラムで、当時、第三ベルリン伝道協会として知られていた「東アフリカ福音伝道協会（ＥＭＳ）」の派遣宣教師たちに負うが、その後、ドイツのライプチヒ・ミッションほか、スウェーデンはじめ北欧、それに北米のルーテル諸教会の世界伝道団体の協力支援のもと、一九三八年には、「タンガニーカ（当時の国名）ルーテル連盟」へと発展した。一九六三年には、二十二の管区で構成されるタンザニア福音ルーテル教会となり、翌六四年には、四五〇万人の信徒を擁してＬＷＦに加盟した教会である（現信徒数、六百万余）。アフリカ最大のルーテル教会ばかりでなく、既述（第三章）のインドネシア、北スマトラのバタク・クリスチャン・プロテスタント教会（会員数四百万余）と並んで、欧米以外での最大のLWF加盟教会である。

キビラ師は、タンザニアの北西部の都市、ブコバに生まれ、生後間もなく難病より助かり、「主は癒す（Josiah）」と名付けられた。十五歳で、ドイツの宣教師によって堅信をうけた。のち、ドイツ・ベテル伝道会の計らいでドイツに数年留学した。

すでに、WCCやLWFの国際会議参加などで、知名度を高めていたキビラ師は、一九六四年、副監督に、ついで、北西管区の監督に選ばれ、教会発展に寄与した。

キビラ監督とは、以前より幾度かLWF関連の会議などで話し合っていた仲だったが、ダレサラム大学キャンパスで開催された大会でのホストぶりには感服した。大会の初頭に、第二次大戦後、アフリカ植民地解放に広く貢献し、その名を知られた、タンザニア連合共和国樹立初代の故ジュリウス・ニエレレ大統領の野外レセプションに、大会参加者一同が招かれたりして、アフリカならではの雰囲気は盛り上がった。

次期LWF議長選挙に至ったとき、従前とは異なって、欧米以外のインドネシアをはじめ、ラテンアメリカ（中南米）の諸教会から次々と候補者が出たが、キビラ監督が選出されたのである。

その後は、しばし、ジュネーブの本部での会議で出会い、時折、拙宅へ招いて、夕げの食卓を囲み、家族ぐるみで団欒を楽しんだ。時には、会議の合間に、子供たちの通う学校の行事を参観したいと希望され、出かけたこともあった。

子供たちの中で、最も感化を受けたのは、末のむすめ、ロレッタ・のぞみだった。大のアフリカ・ファンとなり、大学を終えて、平和部隊（ピース・コー、Peace Corps）に参加、コートジボワール共和国で二年間働いた後、大学院を終えるや、「カトリック世界救済機構（ＣＲＳ）」のスタッフとして、家族ぐるみで、西アフリカのマリ共和国で勤務したりした。その間、単身、タンザニアにキビラ監督を訪ねもしている。現在は、北米のボルチモア市に本拠をもつ「ルーテル救済機構」の東アフリカ協力主事を務め、度々、ケニヤ、タンザニアへ出張している。

ここに私は、信仰を共にする、ルーテル家族、ルーテル同胞とも言うべき人々と共に居る、「いま、ここで」の臨場感を覚えるのである。しかし、アフリカでのそれ以上の体験での、共に居ること以上に、信仰告白的に、「いま、ここで」の臨場感を強調したい。それを、本章の表題に掲げた、「ルーテルＤＮＡ」の「いま、ここで」としたい。

まず、わたしたちが告白する「聖書のみ」の「のみ」が、その排他、独善的な響きとは裏腹に、聖書が読まれ、み言葉が説教されるとき、神の言葉が会衆をとりこみ、その一人ひとりを結合する包括性をもつことを前章で述べたが、その様は、実は、「聖礼典が福音に従って与えられる」とき、「恵みのみ」

の「のみ」が、幻想や偶発事ではなく、「いま、ここで」という在り在りとした臨場感に溢れて、神の恵みを、まるまる現体験し満喫する陪餐者の喜悦であることをぜひ明確にしておきたい。み言葉と聖餐については、次章で述べることにしよう。

ルーテルDNAであるから、ルターその人を見てみよう。

『九五箇条の提題』をヴィッテンベルク城教会に掲げて波乱の四年が経過、ルターを支持する諸侯や民衆の声に押されて、一五二一年、神聖ローマ皇帝カール五世は、ヴォルムスに帝国議会を召集し、ルターを召喚尋問した。一五一九年、二〇年と、ルターは数多くの著作物を発表している。

カール五世の宮廷顧問官が、「マルティン・ルター、あなたの書物とそれに書いてある誤りを認めるのか、認めないのか」と問う。ルターは自分の著作が並べられた机の前に立った。まず、それらの著作が自らの手によるものかどうかを尋ねられ、次にそこで述べられていることを撤回するかどうか尋ねられた。ルターは、第一の質問にはうなずいたものの、第二の質問についてはしばらくの猶予を願った。

熟考したルターは翌日、自説の撤回を改めて拒絶し、宣言した、「聖書のみ言葉と明白な理性によって確信させられるのでない限り、そして私の良心が神のみ言葉に捕えられている限り、私は、何も撤回することはできませんし、撤回しようとも思いません。なぜなら、キリスト者が、自らの良心に逆らって行動することは、正しくありませんし、危険だからです。」続いて、「我ここに立つ。他はなしあたわず。神よ、助けたまえ。アーメン」と宣言した。

この「最後通牒（ultimatum）」とも言うべきもの、「我ここに立つ」の「ここ」はヴォルムス帝国議会場。その「会場」での「その時」の言明は、ヨーロッパ、そして全世界を揺り動かす発言となった。事実、この発言直後、カール五世は「死刑だ、火あぶりの刑だ」と叫んだと伝わる。しかし、ルターを保護した諸侯たちに助け出され、その後、歴史に刻まれる「宗教改革」運動は推し進められることになったのである。

ルターが「我ここに立つ」と言った「ここ」には、「いま」が含まれていると言えよう。「ヴォルムスの帝国議会」のいま、ここだけではなく、ルターの全生涯の一瞬いっしゅんの「いま、ここ」であろう。信仰者の「いま」については、すぐれた論考がある。ルーテル学院大学、同志社大学神学部等でパウロ書簡を講じた、故小川修教授の『ローマ書講義』である（リトン社刊）。ローマの信徒への手紙三章二一節の「ところが今や」、二六節の「今の時に」を取りあげ、「今において」というのは、パウロを読むときには決して簡単に読んではいけない。「しかるに今や」とか軽く読まれてしまうが、もっと重い意味があって、「今は救いの時」、「今は恵みの時」の「いま」であることを指摘、実は「今という時における」「わたしたちの現実において」だと強調している。

この「わたしたちの現実において」「我ここに立つ」を、ルーテルＤＮＡとして再確認したい。

そこで、わたしたちの現実における「いまここで」に留意したい。それは、人間の力では、いまは避けがたい自然の大変動である。

私たちの現実は（二〇一五年として）、新潟県中越地震から一〇年、東北大震災から四年、伊豆大島の大規模土砂災害から一年、広島同時多発土砂災害もあった。御嶽山噴火による死者は五七人、行方不明者六人。桜島の噴火も告げられ、その他、箱根や口永良部島の噴火が予知され、住民が避難する。ほかにも、噴火が警戒される火山はおびただしい数になる。

「今この時に」、私たちは、天地異変に囲まれ、日常化する極端な気象や地殻変動の中で生活している。それに原発再稼働問題と併行して放射性廃棄物の処理・処分の行方が暗澹としている状況にもある。

気象庁が「これまでに経験したことのないような大雨」という表現で注意を呼びかけ始めたのは二〇一三年七月の「九州北部豪雨」だった。「直ちに命を守る行動をとってください」という気象庁未曾有の警報の登場は二〇一四年九月、日本列島を縦断した「台風十八号」の予報から。「周辺有事」どころか「中心重大事」が続出中。

気象予報では、もはや「平年並み」がなくなり、「避難」ではなく、「命を守るために、直ちに行動するよう」にとの警報連続で「失敗の収拾に失敗は許されない」――これが危機管理の基本になった。「科学的な判断と直感的な判断」の区別は極めて困難となり「科学的な不安」（『毎日新聞』コラム「風知草」山田孝男）さえ言い出される昨今だ。

これらは、日本だけではない。私たち人間は、これから日常化する極端な気象や地殻変動に対応する「直感」を磨き、自分自身で自然リスクを測って生き延びるしかないと決断し始めた。このような不穏な情勢下、「直感的判断を高める」ということだが、不安の根源に、おかしな「時間」の感覚もある。「過ぎ去らない過去」、「明日なき今日」、「見えない将来」、場所にしても「借り物の場」である。

さらにテロの問題もある。テロを越えた、ＩＳ（イスラム国を名乗る）による無差別殺戮とその伝播力の恐怖。かりにＩＳを抑え込めたとしても、同じような集団のテロはどこの国にでも起こり得るという予感。

このような現実の「いま、ここで」の生き方はどうであろうか。

いまや、わたしたちが立つのは、社会的な、政治的な場だけではない。自然もまた、わたしたちの前に立ちはだかっている。人間が引き起こした自然の環境変化だけではあるまい。太陽の黒点の大増減でも、地球には大変動が起こる。

これらすべて、人間の営みの現実の場で、五百年もの昔、ドイツはヴォルムスの帝国議会場で、ルターが大胆不敵な言明を行なった、その「我ここに立つ」に声高くこだまして、いざ、元気よく唱えたいものである。「今　この時に　我ら　ここに立つ！」と。

さて、話を戻して、ＬＷＦ大会が、はじめてアフリカの地タンザニアで開かれた一九七七年といえば、わたしにとっては、実に忘れ難い年となった。教えていた日本ルーテル神学大学・神学校（現ルーテル学院大学・日本ルーテル神学校）の学長・校長、故間垣洋助師（一九一六〜九〇年）が健康上の理由で二期八年に一年余すところで辞任され、意外にも、その後任へ選出され、四月より就任することになったのである。ところが、この選任直後、ＬＷＦ常議員会に出席したわたしに、至難の決断が強いられた。当時、広範にわたる課題を抱えていた神学研究局の次期ディレクタ（局長）への候補を打診され、極力断ったにもかかわらず、選任されたのである。

早速、長距離電話による三鷹との協議の末、四月より一年間、兼務を条件に、大学・神学校では、既述どおり、学長代行を勤めることになった。毎月前半二週間は三鷹で教授会その他学務と講義に徹し、後半二週を、ジュネーブ、ＬＷＦ本部へ単身出向するという、国際通勤生活を一年ほど過ごし、「日本で一番小さな大学の一番若い学長」に選ばれた清重尚弘師にバトン・タッチした（一九七八年）。

わたしのこれまでの数々の経験も、神の前で、そうして、人々の傍らで、「いま、ここで」の臨場の生涯であったと振り返って思うものである。

次章では、先述のように、ルーテルＤＮＡの聖餐の恵み、「有限は無限を包摂する」について考えよう。

十二章　ルーテルDNA　3
――聖餐の恵み、「有限は無限を包摂する」

日本福音ルーテル教会牧師となって今年（二〇一五年）六十二年目を迎える。現職中、度重なる海外出向の最終期は、前後十四年に及ぶ勤務先のスイス・ジュネーブよりアメリカに移り、大学院の母校、シカゴ・ルーテル神学大学在勤の八年間だった。赴任して二年目（一九八七年）、はからずも、近接のシカゴ大学ロックフェラー記念チャペルを式場にして盛大に挙行された学位授与式でのコメンスメント・スピーチを仰せつかった。かつて長男の大学卒業に因んで招かれた（一九七四年）、ミネソタ州、セントオラフカレッジでのスピーチの経験はあったが、それにしても、身にあまる大役。六月六日、日曜の夕べ、一段と高い説教壇に立って、壮大なチャペルを埋め尽くす会衆へ「*Finitum capax infiniti*（有限は無限を包摂）」を主題にしたメッセージを精一杯伝えた。その冒頭に自己紹介として述べた一端を、まず記したい。

わたしは、仏教徒の家庭に生まれ、第二次世界大戦（太平洋戦争）の末期、疎開先の住職が遠縁に当る仏寺の書斎でキリスト教の聖書（たしか大正改訳）をはじめて手にした。戦後荒廃の中、回心してキリスト信者となり、二年後には京都で、偶然の機会に福音ルーテル教会の信徒となった。それに一九五三年には神学校を卒業、日本福音ルーテル教会の牧師として出立した経歴をもつ。

私たちキリスト信徒は各人、あくまでも有限であり続け、決して無限化（全知万能化）を計るのではなく、たえず神の言葉（聖書）にとりつかれ、み子イエス・キリストの十字架の贖いにより罪赦されて義人とされ、日夜、聖霊に導かれながら全能なる神のお恵みと恩寵のうちに「日毎の悔い改め」を重ねつつ「いま、ここで」生存し活動する――そのような福音主義の現実信仰に基づく人生にこの身の至上の悦びと生き甲斐を、感激をもって体験するものである。

「わたしたちは、このような宝を土の器に納めています。この並外れて偉大な力が神のものであって、わたしたちから出たものでないことが明らかになるために」（二コリント四・七）。この言葉は、いかにしてサウロがパウロへと生まれかわり、しかも使徒として召されたのか、パウロの身分証明の根拠となった言明であり、同様にルターを、勇躍「我ここに立つ」と宗教改革運動へと邁進させた起動力であり、基盤でもあった。

この「自己確認」と「起動力」を、伝道・牧会へ出立する卒業諸兄姉たちと分かち合うために、表現としては極めて思弁的ではあるが、ローマ・カトリック教会と「聖餐論争」を大胆に挑んだルターの論拠として、時の神学者たちがまとめあげた *Finitum capax infiniti* をキャッチフレーズに援用したしだいである。

まず、この「有限は無限を包摂」が論じ出された背景を簡潔に述べてみよう。ルターの「三大論考」（一五二〇年）の一つ『教会のバビロン捕囚』の「第二の捕囚」として、カトリック教会が、アリストテレスの哲学（形相と実質）を援用して唱えていた実質変化の「化体・変質説（パンとぶどう酒の実体がキリストの肉と血の実体に変化するという教義）」に断固反撥したルターは、まず、七つの秘跡（礼典）に対して洗礼と聖餐の二つだけを礼典として主張し、その聖礼典の核心に「信仰」を据えた。第一にルターは、信仰と関係なく自動的に有効なサクラメント、ex opere operato の「事効説」を拒絶した。代って、ルターにとっては至極当然の成り行きとして、「イエスご自身が言われた『これはわたしのからだ、……これは私の血』のお言葉（設定詞）により、あくまでも現実態でありつづけるパンとぶどう酒と共にキリストの体と血が現在する、いわゆる「共存、現在説」を宣言したのである。

かつて聖餐論で学んだことを要約したまでだが、ここでは、ことの実態把握として、「聖餐とは何ですか」と「聖壇の礼典」に関するルターの『小教理問答』での答に言及したい。「これは私たちの主イエス・キリストの真のからだと血であって、私たちキリスト者がパンとぶどう酒において食し、飲むようにと、キリスト自身によって設定されたものです」から出直し、ルターは聖福音記者たちマタイ、マルコ、ルカと聖パウロの言葉をその典拠としたのである。「ではこのような飲食はなにに役立つのですか」と端的に問い、それに明快に答える、「罪のゆるしといのちと救いが与えられます」。しかも『罪の赦しがあるところに、いのちも救いもある』のおことばのために役に立ちます」と明言して止まなかった。

「どのようにして、からだの飲食がこのように大きなことを行ない得るのですか」、誰しも、そう問わずにはおれないであろう（ちょうどローマとの聖餐論争が始まったように）。ルターは「飲食はもちろんなにも行なわない」。「あなたがたに与える」と、「罪の赦しのために流される」と「書かれていることばが行なう」と断言する。つまり、「からだの飲食に添えられるこれらのことばが聖礼典における主要部分」であると結ぶ。しかも「これらのみ言葉を信じる者が、これらのことばが告げ、伝えているとおりのこと、それは与えられます」と対応するのである。

続いて「それは、どのような人ですか」とたたみかけて、「み言葉を純粋に信じる人こそ、その人です」と直言する。ルターにとっては極めて明快であった。ゆえに、「神は全能である。その神は『これは私の体である』と言われる。それゆえ御体はパンの中になければならない」。まさに、とりまく神学者たちが造語したように、「有限は、有限のままで、無限を包摂する」のである。

実は、その後間もなくして、改革者仲間のH・ツヴィングリやJ・エコランパディウス、さらにはJ・カルヴァンも加わった「聖餐論争」が起った。「これは私の体、血である」の「である」は「……を意味する」とし、「食べ」「飲む」とキリストが言われたのは「信ずる」こと。従ってパンはキリストの身体、ぶどう酒はキリストの血を象徴するという象徴説が唱導されたのに対応し（但しカルヴァン自身は「霊的臨在説」を固執したと伝わるが）、ルターは、あくまでも現実態でありつづけるパンとぶどう酒「と共に」キリストの体と血が現在する「共存、現在説」を堅持した。

神学論議としては、ツヴィングリに代弁された聖餐論には「復活して天に昇られたイエスの身体と十字架で流された血が、いかにしてもパンとぶどう酒に現存することはありえない」とする古来の合理主義的思考に基づいた「有限は、あくまで有限で、無限を包摂することあたわず（finitum non est capax infiniti）」の見解が表明された。その挙句、ルターは、結局は聖書の教えに背くものと糾弾されるに至ったのである。

要は、論議のかなめとも言える「包摂、capax」に関してであるが、ルターを始めルター派の神学者たちによれば、「有限」が本来的に、常に「無限」を包摂する資質を備えているのではなく、あくまでも「無限の神」がご自身を伝達、啓示するその仕方を「包摂」で示すことだった。天地の創造者であり悠久無限の全能者であり給う神の「力の顕現」にほかならなかった。先述のパウロの言葉で再現すれば「わたしたちは、このような宝を土の器に納めています。この並外れて偉大な力が神のものであって、わたしたちから出たものでないことが明らかになるため」の出来事にほかならない。この出来事の描写を、まさに finitum est capax infiniti でおこなったまでのことである。

聖餐論としては、爾来、「現在説」と「象徴説」として引き継がれてきているが、第二次大戦終結後、ドイツではルター派・改革派教会間の話し合いの結果、両者間に基本的一致を認め合うようになり、聖餐論争は神学的には一応終結したと記録されている（「アーノルツハイン・テーゼ」一九五七年、「ロイエンベルク一致条項」一九七三年、参照）。

そもそも、「有限は、有限のままで、無限を包摂」のごときルター神学の表出には、「キリスト者は義人にしてなお（同時に）罪人」とか「キリスト者の自由と奉仕」にも共通するように、その表現そのものは、論理的に自己撞着的矛盾をはらんでいる。それにしても、改革派の伝承的神学でも核心に据えられている「神の前で（Coram Deo）」の「現実信仰」で捉えられる人間の現実態をリアルに描き出そうとする懸命な神学作法が存在し、そこには、それこそ「信仰の論理」（北森嘉蔵）が見事に貫かれている。それだけに、神学者間の論争はさておいても、広く人々の関心を呼び起こす何ものかが潜んでいた。「有限と無限の実り多い包摂」は、J・S・バッハの *Mass in B Minor*（ミサ曲ロ短調）でも、theologia crucis（十字架の神学）や simul iustus et peccator（義人にして同時に罪人）と並んで奏でられているのである。（なお、「有限と無限の実り多い包摂」に関する文献として、かつてシカゴ・ルーテル神学大学での教友K・ヘンデル教授の論文がある。Kurt K. Hendel, "Finitum capax infiniti: Luther's Radical Incarnational Perspective," *Currents in Theology and Mission*, Vol. 35. No. 6 (December 2008): 420-433)。

そこで、「ルーテルDNA」に関わって、ことの成り行きとして、ルターの宗教改革に深く関連するパウロ書簡（ローマ、ガラテヤ）で神学的に強調される信仰義認、即ち「聖書、恩恵、信仰のみ(sola)」から少し間隔をおいて、コリント二の基盤にある「神の恩恵はあなたに十分である」（一二・九）の「十分・充足 (safficit)」にも留意しておきたい。

そこでまず、この「十分・充足」は『アウグスブルク信仰告白』の第七条「教会について」の文脈で肝心な用語であることをも再確認したいのである、つまり「……キリスト教会の真の一致のためには、福音がそこで純粋な理解に従って一致して説教され、聖礼典が神のみことばに従って与えられるということで十分である (satis est)」。

従って、この「聖書、恩恵、信仰のみ」の「のみ（sola)」は「神の恩恵はあなたに十分である」の充溢した現実を脈絡にすることが基本要件となろう。

同時に、この基本要件を確と弁えることなく、「のみ」だけの「単独行動的」強調では「他力本願」に陥り「無精、無策、無気力」で姑息な宗教人へと（教会をも含めて）なりかねないことを熟知しなければならない。

加えて、この「のみ」は、漠然とした他人ごとではなく、神の恵みが充溢する「わが身のこと」、つまり私自身の「生活の座」を真剣に見つめ、召された自分自身の存在意義を前向きに捉えて、積極意欲的に発揮することなのである。

そこで、「信仰義認」はプロテスタント信仰の根幹、「聖書のみ」、「万人祭司」とともに、宗教改革三大原理の一つであるが、形式原理とも云われる「聖書のみ」に対する内容原理の「信仰のみ」に沿って、おこがましくも、もう一つ「感謝のみ（sola gratia)」を宗教改革「五つの『のみ』(cinque solas: scriptura; fide; gratia; Christus; Deo gloria)」に、第六感的に加えて、わたし自身のルーテルＤＮＡの一端に留めたい所存である。

わたしは、数々のエキュメニカル体験を享受した再度にわたるＬＷＦ出向を、当時の不文律「三年一期で三期（九年）」に沿って辞退することにした（一九八六年）。早速に有り難くも関連機構「シュトラスブルグ・エキュメニカル研究所」の所長就任の招請を同理事会より戴いたが、諸般の事情を熟慮の上、母校シカゴ・ルーテル神学大学からの、「グローバル宣教センター（ＣＣＧＭ）」開設を含む、招聘を受諾することにした。従前どおり、海外出向更新の許可を（都合四度目）日本福音ルーテル教会より与えられたが、一九九三年年末、突如電話による帰国要請（熊本の九州女学院短大の四年制大学への改組転換申請に関与）に応じて翌年一月に帰国するまでの七年間、大都市シカゴ近郊一帯の（シカゴ大学神学部、カトリック、メノナイト派、ユニテリアン神学院を交えた）八校を連繫するＡＣＴＳ（Association of Chicago Theological Schools）を立ち上げ、神学教育におけるエキュメニカルな協働作業を続けることができた。その詳細を記すには多数の紙面をようするので割愛するが、引退後も続いて今日に至るまで、日本福音ルーテル教会の教職群に「生活の座」を与えられて、いかに幸いであるかを付記しておきたい。

ちなみに私の（大半は家族を伴った）教会遍歴を付記すれば、日本、北米に加えてスイスにまで及ぶ。現在、東京都杉並区にある日本福音ルーテル武蔵野教会に在籍、日本に限って私自身といえば、京都教会を後にして武蔵野教会の前身「神学校教会」（主に、夕礼拝）に参席したのが六十余年も前の、当時は中野区鷺宮にあった日本ルーテル神学校時代だった（一九四九〜五三年）。卒業後は、千葉県松戸市の稔台（開拓伝道、一九五三〜五五年）を経て久留米教会（一九五五〜五九年）、最初のアメリカ留学（一九五九〜六一年）を挟んで市ヶ谷教会（一九六二〜六三年）で牧会に携わった。

前後四回におよぶ北米長期滞在中、最初の大学院留学（一九五九〜六一年）ではシカゴとボストン近郊のブロクトン市の教会。一年間の博士課程終了期（一九六八〜六九年）はシカゴ南部のタボル教会。訪問教授（一九七四〜七五年）の一年間にはアイオワ、オハイオ両州にある教会。シカゴ・ルーテル神学大学在任中（一九八六〜九四年）はシカゴ郊外オークパーク市のユナイテッド・ルーテル教会に属した。

二度に亘る十四年間（一九六四〜六八、七七〜八六年）のスイスではジュネーブの福音ルーテル教会に属した。

一九九四年の帰国後は熊本教会、二〇〇一年引退後は牧会委嘱として愛知県・刈谷教会（二〇〇一〜〇八年）。その後、保谷教会を経て、二〇一二年に武蔵野教会へ妻グロリアと共に転会し、二〇一五年に受按還暦したしだいである。

補遺

旅路の始まり

石田　グロリア

私の夫石田順朗は自分がクリスチャンになった経緯の基本的な事実について繰り返し語りまた書きもしている。あれは緩やかな旅路であったと。ここに私は夫の旅路についていささか長く細部を含めて書こうと思う。

石田順朗は一九二八年（昭和三年）一〇月六日に沖縄県の宮古島で生を受けた。

父幸夫《ゆきお》、母シゲコ（旧姓大野）の三番目の子で、上にはカズコと順一《としかず》。父幸夫は本州山口県の出身。母シゲコの両親は東京出身だが、本人は沖縄で生まれたようである。父は〝占い師〟に聴いて順朗《よしろう》と命名した。この漢字（順）は通常は「ジュン」と読むが、兄の場合は「トシ」と、順朗の場合は「ヨシ」と読ませる。この漢字は「従う」あるいは「巡る」、二つ目の「朗」は「喜ばしい」の意味である。この夫の名前が信仰の歩みに深い意味を持つことになる。

幼い頃の夫はどちらかと言えば、ひ弱で、特別扱いのお坊ちゃんと近所の人たちから見られていた。祖父大野は事業に成功し、父幸夫もまたよろず屋の主人で、他の事業にも手を広げていた。家には数名の女中や炊事係がいた。順朗が話したのであるが、お手伝いの人たちが食べる食事が好きで、よくそっちの台所へ行って食べたそうである。これを祖父大野は「するな」と叱った。順朗はこの祖父が食卓で厳しい監督だったことを覚えている。もし順朗が箸の持ちかたを間違えたり、マナーにはずれると祖父の太い箸が手に飛んできたものであった。しかし、家の外では違っていた。あるとき順朗が道に迷って農家に行ってしまったことがあったが、「おお、大野八十介さんのお坊ちゃん」と言って、そのうちでは白米のご飯をご馳走してくれた、白米のご飯は農家の人は特別の日にしか食べないものであった。

また、こういう話しも。学校でのこと、ある生徒が校則違反を犯して（順朗ではない）、生徒は全員並ばされて、目を閉じるよう命じられた。パシ、パシ、パシっと頬が打たれて順朗の番が来た。先生はなんと柏手を打ったのだ。他の生徒たちは命じられた通りに目を閉じていて、起こったことは誰も知らなかった。しかし、順朗も時に友達と組んで悪さをした。うちの店の後ろの空ビンを集めて店で引き換え金をもらったりした。

順朗の父は禅宗の祥雲寺の信徒総代だったので、順朗に経典を習うように言った。これは日本人にもなかなか容易なことではないだろう。

小学校に入って間もなく家族が相次いで亡くなった。祖父大野、ついで妹エツコ、また母シゲコ。母シゲコはかねて病気がちであったと思われる。亡くなったとき三八歳の若さであった。祥雲寺の住職は石田家を何度か訪れた。まず葬式に、ついで法要のために何度かおいでになった。

小学２年生の頃の順朗

子供達には母親が必要なので、幸夫は二五歳年下の松原ハルコと再婚、順朗は新しい母親を得たとともに、さらに三人の妹と弟一人ができることとなった。

順朗が中学入学後一年して、米国・連合国との全面戦争に突入。石田家の戸籍謄本の本籍は本州の山口にあるので、順朗、姉のカズコ、六歳下のヨシコは山口の親戚に預けられ

中学３年生の順朗

た。兄順一はすでに東京の大学生であった。

順朗は山口ではほとんど授業がなかった。中学生は戦時態勢のために学徒勤労動員されたのであった。順朗は山口県の光《ひかり》海軍兵器廠に配属された。これは彼が成績優秀で、研究心旺盛であったためであろう。兵器廠の製造品は火器制御装置や爆弾、魚雷その他の部品であった。順朗は部品製造に携わっているうちに（なんの部品であるかは生徒には知らされていなかった）監督官から力量を認められて製品選抜部門へと移動となった。

中学の〝卒業〟を終えて、順朗は福岡の朝倉の郊外にある南淋寺に住むことになった。住職が大野家の姻戚関係にあったからである。順朗はさらに戦時動員で一六歳ながら地元の小学校で教えることになった。男性教員多数が戦地へ招集されていたためである。順朗が住んだお寺は厳しい真言宗であったので、仏教の厳しい修行を求められ、念仏を唱え、毎早朝の鐘つきなどを命じられた。しかしながら、彼の魂はついに満たされることがなかった。

順朗の叔母大野サユコ（母の末の妹）が福岡の久留米に近い住まいへ宮古島から移り住んでいた。ここで順朗が叔母の看病にあたっていたが、肺結核で亡くなっている。

石田家は悲劇に襲われることとなった。順朗は兄順一《としかず》の戦死の報を受けとるのである。兄はフィリピン沖で数隻の戦艦とともに沈没し犠牲となる、一九四四年七月二一日のことである。順一は軍のマレー語通訳として向かうところであった。さらに、姉カズコが突然山口を去る。どこへとも言い残さずにである。文字通り消えたのであった。父幸夫はカズコの消息を何年もむなしく探し続けた。今日に至るまで彼女は「消息不明」である。そうこうするうちに日本は敗戦を迎えた。

若き石田は慣れ親しんだ仏教の教えに疑いを抱き「失望、絶望に飲み込まれる恐怖」に囚われた。ここでまさに神の恵みが働いたと言うべきであろう、住職の本棚に聖書を見つけて彼は読み始めたのである。彼は読み進むうちにルカ福音書の「失われたもの」の例えに行き着いた。この物語が、彼が求めてやまなかった人生の意味に目を開いてくれたのである。彼自身の言葉によれば、「聖書には、失われた一人、無視された者、嫌われた者、敵なる者にさえ絶えざる顧みを注ぎたもう神の御心を描き出すことばが満ち満ちている。私はただ圧倒されたのだ。」

彼は、後日神学者となってから同様、聖書以外にもキリスト教に関する書を読み続けた。例えばキルケゴールの絶望についての著作、例えば『死に至る病』『あれかこれか』、この中で哲学者キルケゴールは失望と希望について論じている。

順朗とヨシコは宮古島へ帰還し元のように家族とともに住んだ。

順朗は近所のキリスト教会に通い始めた。宮古高等女学校の国仲校長が石田の家に聖書研究に数名の若いメンバーと一緒に来てくださった。母ハルコはのちにクリスチャンになるのであるが、聖書研究はちっともわからなくて、お茶とお菓子をお出ししていただけであったと述懐している。父の方は本州にとどまっていた。順朗はクリスチャンになりたいと真剣に考え出して洗礼を受けたいと申し出た。しかし、戦後の空白期間ゆえに教会には目下按手を受けた牧師がおらず、しばらく待つようにと言われた。

順朗、1946年12月撮影

メソヂストの宣教師エヴェレット・W・トムソン(Everett W. Thompson)は、戦前に来日した方であるが、再来日しLARA(ララ・アジア救援公認団体)の沖縄担当者に任命された。彼が宮古島調査で来島した折に順朗に洗礼を授けた、一九四七年七月四日のことである。

順朗は語っている、父は順朗の洗礼に怒って言った「私はすでに息子（順一）を失い、今またもう一人を失った」と。順朗自身がそう語るのも無理からぬことであろう。新たな信仰を厳格に守って日本の伝統的慣習、仏教伝統に則る家族の記念行事など一切を受けつけなかったのである。「私は孤立したが、これによって区別ができた―他者との違いである」しかしながら、彼は福音のメッセージで得た喜びを分かち合いたいと思い、家族や友人と和解したいものと願ったのである。後にこの思いが実現し、父幸夫と母ハルコがクリスチャンになった。

順朗（19 歳）、1948 年撮影

順朗は一九四八年春に京都の同志社大学の入学試験を受けようと決意、これは高名な組合派クリスチャン新島襄（ジョセフ）が創設した大学である。京都は、家族が宮古島を離れることになって、順朗の父が居を定めたところであった。叔父英一《ひでかず》の妻が今村キクコで、その兄が京都ルーテル教会の会員で、順朗を礼拝に誘ったのである。そこの牧師が岸千年《ちとせ》先生。順朗はルーテル教会のあり方に深く感銘を受け、岸先生はこの若い勉強家を認めて、順朗は一九四八年六月二〇日に堅信礼を受けた。

ルーテル教会は日本基督教団から離れることを決定した。この教団とは、戦時中に全プロテスタント教派が合同を強制されてできた組織であった。岸先生はこの時に京都教会の牧師を続けながらルーテル教会の総会議長の任に就いた。岸先生は順朗に一緒に上京して神学校生になるよう説得した。

こうして順朗は喜びつつ旅路の向きを変えて牧師、説教者、教授そして神学者へと歩み始めるのであった。

宣教学の師、石田順朗先生

江藤直純

また一人恩師を天に送った。

その牧会や学恩に浴した人がやや少ないのは、日本での牧師・神学者・神学教師としての働きの期間が比較的短かったからだ。つまり日本にいらっしゃらなかった期間が長かったからだ。神学校卒業後、稔台教会、久留米教会と市ヶ谷教会で伝道牧会と、日本ルーテル神学大学（現ルーテル学院大学）・神学校での教育（一九六九～七八）。それ以外は二回の留学（シカゴ・ルーテル神学校ＬＳＴＣで修士課程、博士課程を修了、確かＬＳＴＣが授与した最初の神学博士Th.D.ではなかったか）。二度にわたるルーテル世界連盟（ＬＷＦ）のジュネーブにある本部勤務。最初がアジア担当主事（一九六四～六八）、二度目が神学研究部門（Department of Theology and Studies）の局長（一九七七～八六）、そのあとさらにLSTCに招かれ同神学校付属の世界宣教研究所の初代所長を歴任。合計二十数年間の国際的な舞台での活躍だった。国内での知名度より数倍も世界的にはヨシYoshi、あるいはドクター・イシダとして広く知られていたのである。日本に戻られてのち、乞われて熊本にある九州ルーテル学院大学の学長職を務めて、そののちこれまた懇望されて引退教師として刈谷教会の牧会委嘱を熱心になさった。最後の一年は埼玉から通われたのではなかったか。

わたし自身は神学校での教え子の一人である。わたしが入学した一九七一年の前々年一一月に石田先生は着任なさり、卒業した二年後、ルーテル神大学長代行を一年務められた後、二度目のジュネーブでのお務めに発たれた。三鷹での神学教師としての期間は九年間だが、精力的に活躍なさり、わたしはその時期おおいに感化を受ける幸いに浴した。

わたしの書棚に並ぶ「石田本」のうち三冊が神学生時代の思い出と繋がっている。神大三年に編入した年、宣教学という科目を石田先生から習った。その翌年一九七二年に、講義内容を柱とする『教会の伝道』との書名を持つ一冊の神学書が聖文舎から出版された。「江藤直純君　一九七二年四月　石田順朗」と直筆で記された真新しい本をいただいた。五章から成る本書は、宗教改革の神学と伝道、律法と福音、（狭義の）宣教と奉仕の包括的伝道等々、ルター派の神学に根差した現代的な宣教論だった。

当時のキリスト教界、とくに日本のプロテスタントの世界は、福音派と社会派に二分して混乱していた時だ。『教会の伝道』はそこに鮮やかな光を当て、教会が目指すべき方向を示していた。説得力があった。まえがきには「一九七〇年度後期および一九七一年度宣教学履修の学生一同にもその受講に応えて、これら恩師と学生諸氏に本書を呈したい」と記されているのもうれしかった。

もう一冊の忘れられない本がある。『新しい町と宣教—仙台つるがやレポート』（ルーテル神大、一九七三）である。石田先生が責任を持っておられた神大の宣教研究室にルーテル仙台教会の通木一成牧師から、仙台市が開発している鶴ヶ谷ニュータウンに保育園を開設しながら開拓伝道するので、それに先立って宗教意識調査を含めて宣教計画を立てるための調査と研究とが依頼されたのである。わたしが神大四年生のときのことである。

石田先生は鶴ヶ谷開拓伝道調査チームを立ち上げられた。神学生が六名参加し、実際の二週間の現地調査には徳善義和先生と植木隆俊先生も同行してくださった（仙台教会に泊まり込み、自炊）。団地を一軒一軒回ってアンケート調査をし、また市役所を訪ねたりニュータウンの老人ホームを訪問したりして、さまざまなデータを集めた。

帰校後、宣教研究室があった二〇六号室に連日詰めて、膨大なデータの集計作業を行なった。今のようなコンピュータなどなかった時代である。厚紙の調査用紙に回答をパンチで穴を開け、細い棒を通して該当するカードを掬い上げる手作業と卓上電子計算器での集計であった。大船のルーテル保育園などの見学もした。

石田先生はその作業にもいつも顔を出してわたしたち神学生の作業を励ましてくださった。夕方になると「(赤ちゃんの)のぞみさんの入浴の時間だから」と言って帰宅されるのが独身ばかりだったわたしたちに「家庭の人」としての生き方や責任をさりげなく教えてくださったと今になって思う。

わたしたちチームがやったのは統計調査だけではなかった。その結果の読み取り作業とそこからの宣教方策を議論することこそが肝心なことだった。教会のなすべきこととしてはミッシオ・デイ(神の伝道)への参与であり、具体的には(狭義の)宣教 evangelism と地域社会 community への奉仕 service だと考え、その総体を(広義の)伝道 mission と捉え、それが総合的に展開される場をコミュニティーセンター(CC)と名づけた。鶴ヶ谷での開拓伝道の働きをそう提言した。また、その地域社会への奉仕は伝道のための撒き餌のようなものではなく、奉仕そのものが大切だという信念を「非えさ化の原理」などと理屈っぽい神学生らしい固い表現を編み出して叙述した。そのほかにも「丘の上の白い教会ではなく」とかいくつものフレーズを作った。

しかし、一八〇頁におよぶ『新しい町と宣教』には神学生の報告や生硬な論文が載っているだけではない。石田先生ご自身が「宣教論的考察」と題して二五頁にわたる鶴ヶ谷での宣教論を神学的に展開してくださったのだ。これが非常に説得力のある原理的かつ実践的な宣教論だった。

宗教意識調査、神学生チームの提言、石田先生の宣教論などが収められたこの本は、自家出版だったにも拘わらず、識者の目にとまり、東北学院大学の森野善右衛門教授が高い評価をある本に発表してくださった。また、後日、後発のある教派が鶴ヶ谷で開拓伝道するときに『新しい町と宣教』を参考にして大いに利用されたとも聞いた。石田宣教論は机上の空論ではなかったのだ。また、このような形で神学生たちを宣教の現場で教育する優れた神学教育者だったと感謝の念を持って思い起こすのである。あの六人のチームのメンバーのうちすでに二人が天に召されている。長寿を全うされて昨年御許に逝かれた石田先生と再会を祝して語り合っていることだろう。

三番目の石田本は『牧会者ルター』である。わたしの手許にあるのは初版の一九七六年、聖文舎刊の緑色のカバーがついているものである（二〇〇七年に日本キリスト教団出版局から改めて出版された）。それほど評価されている本であろう。授業の中で先生がシカゴに留学中、ＬＳＴＣの宣教学のシェーラー教授のゼミナールでタッパートが編集した『ルターの慰めと励ましの手紙』（内海望訳、リトン、二〇〇六年）を読み、「ルター理解への鍵としてのルターの牧会的視点と配慮」に焦点を当てて執筆し、公刊されたものである。これもルーテル神大でのお仕事のひとつであった。

先生はルーテル神大での教育的責任は後任に柴田千頭男先生に託し、後顧の憂いなく働きの舞台をジュネーブに、世界に広げられたのである。その後は単著は帰国された晩年まで出されないが、ＬＷＦの神学および関連諸学の研究活動の総元締めとして、礼拝や他教派・他宗教との対話を始めじつに多くの研究プロジェクトを指導し、またＬＷＦが出す論文集にふさわしい質を持つものにするべく監修をされた。

石田先生の牧師・神学者としてのご活躍は国内のみならず広く世界を舞台に展開されたものだった。まことに、英語に堪能で、ルター派の宣教学を修め、エキュメニカルな関心をお持ちの先生が与えられた賜物を存分に発揮なさるのにふさわしい用いられ方だったとしみじみ思う。同時に、神学教師としての先生にお会いでき、先生からルターの神学に固く立脚した宣教学や説教学、牧会学を学べたことは、またＬＷＦやエキュメニズムへの関心を持たせていただいたことは、わたしにとってはまことに幸いなことであった。感謝のほかはない。

（ルーテル学院大学学長）

石田先生の説教学の『労作』を思う

柴田千頭男

先生、とうとう先生の『労作』を、再版して新しく活用するという貴重な機会を逸してしまい、気配りに欠けたわたしの責任を後悔しています。この『労作』とは、先生が最後の著書『神の元気を取り次ぐ教会』のあとがきで、一言ふれているあの『み言葉の説教と会衆の神学』のことです。きわめて貴重な著述でありながら、『聖書通信講座』のための分冊構成だったため、一般の図書のように一冊の著書としては出版されませんでした。残念ながら、現在それらをまとめて入手することも不可能になりました。しかし、この先生の著述を、信徒対象の手軽な講座だと思うなら、まったくの見当違いです。先生がこのお仕事に注がれた情熱は、読む者にただちに伝わってくるような、まさに労作でした。説教の根拠とその使命はなにか、説教が起こる教会という文脈、説教と説教者という関係、さらに聴衆と説教、そして説教の展開とその現代性といった課題のすべてを、ル-テル教会の視点から視野におき、通信講座でありつつ、むしろそのゆえにこそ、筋書きがきちんと整えられ、神学校のテキストとしてそのまま用いても、きわめて有益な神学書だったとわたしは断言できます。説教学関連の著書は、翻訳書ならばボーレンの『説教学』、またヴィスロフの『説教の本質』など、名著と称される著書があります。しかし翻訳書は、日本の状況という説教行為の文脈に触れませんし、そこでの具体的問題への対応には欠けてしまいます。例えばボーレンは聖書日課には否定的ですが、ルーテル教会の説教と聖書日課は基本的な関係です。また説教についての論文も、傾聴すべき論文が多々あります。しかし、論文はどうしても特定の課題についての一点集中的な論述になります。神学生や信徒の学びには、先生がこの講座でされているような、説教の出発点と到達点までを、順序をともなって包括的に語る図書が必要です。論文はその点、どうしても参考文献です。ルーテル教会の視点に立ちつつ、密度の濃い邦文の説教学の著述となると、わたしには、先生のこの労作がすぐ心に浮かぶのです。

そもそもこの聖書通信講座は、先生がルーテル神学大学に在任中に、先生の指導のもとに、神戸神学校との共同計画として企画されたものと聞いています。その講座の第一号となった『み言葉の説教と会衆の神学』が、三〇〇頁にもなろうという著述だったことからも、先生がこの企画に遠大なヴィジョンを持っていたことが推測されます。しかし残念ながらこの企画は、この第一号のみで終わってしまいました。理由は、企画が具体化された時期と、先生の世界ルーテル連盟からの招聘を受けた時期が重なり、先生が企画から手を引かざるを得なくなったからでしょう。この第一号のあとも、神戸神学校が規模を縮小して継続する努力をしたそうですが、結局は断念した、と元校長の橋本先生からお聞きしました。だが先生は、日本とジュネーブを行き来するという超多忙な生活に入ってからも、通信講座という性質上、受講者の方々のことを考えれば、中断は絶対許されず、往復の機内でも執筆されたとお聞きしました。しかし九章を終了した時点で先生はついに執筆を断念されました。だが講座の中断は許されることではありません。九章までの執筆を終了した時点で、すでにこの講座の第一号は二六〇頁になっていたのですから、本当に断腸の思いでの決断だったのではないでしょういか。先生は第一〇章をまとめとして、わたしに書くように依頼されました。ここまで書いてきた著述のまとめを、他に依頼するということは本来有り得ないことです。わたしもためらいましたし、固辞しました。しかし通信講座の受講者のことと、先生のジュネーブでの新たな責任を考え、非力を承知でお引き受けしました。こうして、この『み言葉の説教と会衆の神学』の結びの章だけが、他者による執筆になったのです。わたしとしたら、先生がジュネーブとシカゴでの職務を終了され、日本に戻られた時点で、先生にこの最後の章をもう一度書き直していただき、先生の著書として出版するよう、取り計るべきでした。その機を逸してしまったのです。本当に先生にお詫びをしなければなりません。その思いを胸にこの文章を書いております。

「神学は二つの極の間を行き来する。神学の根拠である永遠の真理と、その永遠の真理を受容するべきこの世の状況という二極である。」とは主著『組織神学』のティリッヒの言葉ですが、彼によれば、多くの神学は、この二つの極にバランスをもっていない、真理のほうを犠牲にしてしまうか、この世の状況に語りかけることができないものになっているか、あるいはそのふたつの欠点を併せもつ神学になっている、といった批判をしています。わたしは先生の諸業績を思う時、ティリッヒのこの言葉を思い出します。なぜなら、実践神学、とくに説教学は否応なしに、この二つの極にかかわり、そこを見極め、それをいかに実践的に結ぶか、に集中する神学と言ってよいと思うからです。そもそも出発点からして、説教学では永遠の真理である福音と、わたしという問題だらけの人間がその説教者として立つという、この二極が課題になります。この課題を感じない説教者はいない筈ですし、ルターが、説教者として立ったなら、自分は三か月もたない、と言った有名なエピソードも、まさにそれでしょう。先生もこの二極を見据えつつ、この著述を展開されたのではないでしょうか。説教学ではありませんが、先生の主著といってよい『牧会者ルター』の最後の章、「現代牧会論へのルターの発言」に、この二つの極を見据えた先生の姿勢がはっきり見えます。実践神学の一部門である牧会学が、現在、心理学やカウンセリングに重要性をおく傾向があることは周知のことですが、その是非は別として、その傾向が伝承主義と現実主義の相克を生んでしまっていることに先生は注目し、この傾向の批判者としてバルトの同僚、トゥルナイゼンをあげています。牧会は「神の言を各個人に生きたものとして実現させる」という基本線に立つトゥルナイゼンは、心理学的なアプローチを主流とする牧会学に批判的でした。このトゥルナイゼンの対極に立つ神学としてティリッヒを先生は取り上げています。ティリッヒの場合、出発点は上から、つまり啓示からではなく、下から、つまりこの世の状況、人間の状況であり、それへの解答を福音に聞くという姿勢だと言えます。ですから今日、実践神学を語る時、このふたりの神学者はきわめて重要だと思いますが、先生はこの二人の神学を分析をされつつ、そこに現代実践神学におけるルター神学の重要性と不変性を指摘されています。先生の『み言葉の説教者と会衆の神学』の構築は、まさにこの両極、トゥルナイゼン的な視点とティリッヒ的な視点をルターの神学に立ちつつ両立させているると、わたしは見ています。それは先生の深い思索の結果以外のなにものでもないし、説教学を学ぶ者にとって、きわめて示唆に富んだ重要な視点であると思います。思いがけず、このようなかたちではありましたが、非才のわたしを用いてくださったことを、先生からの励ましと受けとめ、感謝をもって筆をおきます。

（ルーテル学院大学名誉教授）

ＬＳＴＣにおける石田順朗先生の思い出

ティモシー・マッケンジー

石田順朗先生に初めてお会いしたのは「J-3」という短期宣教師の任務を終えて、シカゴ・ルーテル神学校（ＬＳＴＣ）に入学した頃でした。それは一九八八年、石田先生がＬＳＴＣの教授でおられ、そこにあった世界宣教センターのセンター長として働いておられた頃でした。私はわずか三年の宣教師の経験ののちに神学教育を受けようとＬＳＴＣに着いたばかりの一年生でした。夏休みのギリシア語集中講座の終わり頃、学年が始まる秋の履修登録をする時期のある日、私は世界宣教センターを初めて訪ねました。石田先生のオフィスにお邪魔した理由は、私が執筆した小論文のためでした。「一致と多様性」(Unity and Diversity) という多元的世界の中でキリスト者として生きるという一年生の必須科目を受ける代わりに宣教師の経験について神学的に考察する小論を書けば、授業の単位を受けることが可能ということだったからです。石田先生が私をオフィスに案内してくださり、輝く目と笑顔でとても丁寧な言い方で論評して下さり「もう少し神学的な感想文に書き直してください」とおっしゃいました。それが私の最初の神学的小論に対する評価でした。その後先生がどのような内容とどのように国際的な宣教師の経験について書けばいいかを提案して下さいました。これが石田先生との最初の面談でした。そして先生のお陰でより深みのある小論を神学校の教授会に提出することができ、授業の単位を頂くことができました。

その後、いつでも先生のオフィスを訪ねる時間を割いてくださり、日本についてまたは神学について話して下さいました。時々、世界宣教センターの運営委員会が開かれ、その時にも先生は声をかけて下さり会議に陪席を許可して下さいました。委員は中国と日本の宣教師として務めたジェームズ・シェーラー先生、ウィリアム・ダンカー先生、デーヴィッド・ヴィクナー先生、ロバート・マーシャル先生と奥様、アリス・マーシャルさんでした。アリス・マーシャルさんは戦前日本で働かれたヘップナー宣教師ご夫妻のお嬢さまでした。まだ何もわからない私にとって、経験豊かな先生方と接する機会が与えられたことに、今でも石田先生に感謝の念を持っております。幅広くコミュニティー作りをすることは先生の素晴らしい賜物でした。

神学校四年目の秋学期に、石田先生の大学院の授業を履修する機会が与えられました。その科目名は「争いと和解――キリスト教と諸宗教の人々との出会い」(Conflict and Reconciliation: Christian Encounter with People of Other Faiths) です。一つのテキストとして出版されたばかりのデヴィッド・ボッシュ著『宣教のパラダイム転換』を読んだ記憶が今でもあります。私はその本をルーテル学院・日本ルーテル神学校で担当させていただいた授業に邦訳と共に使いました。長年にわたり、重要な本を紹介してこられたのは先生のお陰です。

しばらく長期宣教師として日本で働いてから、大学院へ行く機会が与えられることになったのですが、LSTCの博士課程に入学した頃には石田先生は既に九州ルーテル学院に移っておられました。LSTCで歴史神学の分野で研究しながら日本の教会史に焦点を合わせようと決めたところに、先生がLSTCで書かれた植村正久と海老名弾正の論争についての博士論文とめぐり逢いました。先生の博士論文は、日本伝道開始時期にキリスト者となった戦前日本の神学界の重要な二人であった植村と海老名のキリスト論についての論争を取りあげていました。先生は「苦しむ神」を体験した海老名の立場に共感し、キリストの十字架を「下から」重んじたという大切な見方を論証しました。残念ながら私が知っている限り、先生の博士論文の邦訳はありません。しかし、私はルーテル学院・神学校で担当した「日本のキリスト教史」という授業の中で先生の博士論文の研究を折に触れて紹介してきました。数年前に日本福音ルーテル教会の定期総会で石田先生とその博士論文について紹介することができました。海老名が取り上げた「苦しむ神」の立場を大事な土着化の神学の特徴として評価されたことを話した覚えがあります。

ＬＳＴＣを卒業してから宣教師として色々な仕事に携わらせていただきました。現場の教会の伝道、教会の行政と神学教育の役割が与えられました。海外で新しい言葉と文化の中で働くようになると、刺激と成長と同時に不安と尻込みの気分も生まれます。キリストの大派遣の言葉「あらゆる民に行き」という言葉には、異なる言葉と文化の中へと出て行き、新しい民と一緒に歩み、共に神の言葉に導かれるようになるということは、あらゆる不安と尻込みの気分に勝ってキリストと共に歩むということだという意味が含まれます。石田先生もキリストの派遣の言葉に応えて新しい言葉と文化の中で沢山の働きをし、数多くの人々と共に歩んで下さいました。若い神学生であった私はその中の一人です。先生の姿が私のキリスト者の姿の理解を広めてくれました。神の言葉であるキリストと共に世界に歩むと信仰と希望と愛が与えられるのは、あらゆる民との出会いの中にキリストの恵みが働いているからです。石田先生と出会えたことにいつも神に感謝しています。

（ルーテル学院大学元教授）

石田順朗博士　キリストの賜る交わりの体現者

キャスリーン・D・ビルマン

石田順朗博士への献辞が赴くところは、博士の教会のミッションへの献身、「アジアの教会ならびにルター神学における不朽の足跡（LWFの献辞）」「自由」と「正義」への取り組みと言えるでありましょう。

私の思い出と感謝の言葉は今挙げたところの石田博士の資質と、取り組みに根ざすものであり、加えて、私の人生観に残してくださった博士の「比類なき」賜物への感謝の意から発するものです。すなわち、博士のキリストにある交わりの体現ということに尽きるのです。

初めて〝ヨシ〟（順朗《よしろう》の愛称）に出会ったのは、一九九〇年代の初めで、私がシカゴ・ルーテル神学校の教授陣に加わった時でした。一九九一年の春、教員採用の面接を受けた折、ヨシは選任委員会のメンバーでいらっしゃいました。その折の温かい対応の雰囲気、委員との親しい話し合いを忘れません。シカゴ・ルーテル神学校から受けた第一印象、暖かみと自然さはヨシの穏やかな心根のなせる技であったと思うのです。博士は、穏やかさと強さとは決して対立するものではないという真理、むしろ両者は互いに高め合うものであるという真理を体現していたのです。すなわち、恐れずに発言すること、正直にさらけ出すことの両者が見事に合致するのは、暖かみと慈しみで迎えられた時にこそ実現するのだということなのです。

シカゴ・ルーテル神学校で同僚として過ごしていた間、ヨシが直面していた錯綜した課題に私は思いが至りませんでした。

ヨシはウィリアム・レシャー学長とラルフ・クライン学部長に任命されて、異色同士の三神学校（シカゴ・ルーテル神学校、カトリック合同神学校、マコーミック神学校）の提携を立ち上げたのでありました。三神学校の共通点はと言えば、グローバル・ミッションへの取り組みの歴史があるという一点のみでありました。

博士の練達のリーダーシップのもとでシカゴ・センター・グローバル・ミニストリー（世界宣教研究

所、CCGM）が設立されました。思い起こせば、私自身、多文化間、国際間のネットワークに引き込まれていったのですが、結果、シカゴに住んで働く喜びを深く味わい、種々のイベントに参加して視野を開かれて、交わりへと誘われていき、それは今も続いているのです。

この核心におられたのが石田順朗博士であって、博士はキリストにある交わりのネットワークの拡大を養い導いたのでした。このネットワークは、隣人との交わりと同時に隣人を代表して、すなわち、神の愛する広汎な世界と「共に」、同時に「代表して」の交わりだったのであります。

今この献辞を書きつつ私はシカゴ・ルーテル神学校の一人の同僚と話をしていました。この方、ホセ・ダビデ・ロドリゲス博士の方が私よりもはるかに熱い思いで当時のことを心に刻んでおり、ホセは、新たに誕生したCCGMの動きの中核にいた人物ですが、ヨシの仕事のやり方について思い出を語ってくれました。当時ヨシは同僚と力を合わせて、三神学校と共同でこのセンター設立に努力している最中でした。「ヨシはこの混みいった話し合いの中で、どの人の発言も深い敬意をもって受け止める人でした」。まさしく「体現する」と言えばぴったりでしょう。単なる型どおりの対応でなく、「ヨシの表情、身のこなしに、いかに深く感謝してメンバーの貢献を受け入れたかが現れていました。」

ヨシはシカゴ・ルーテル神学校の毎週の礼拝を大事にして出席しておられましたが、それはヨシにとっては単に形式的な務めとしてではなく、礼拝出席が自らの生き方を決める本質的な事柄であったのです。ホセが忘れがたいこととして話してくれたことに、聖週の洗足の礼拝のことがありました。ヨシとホセが二人組みになって互いに足を洗い合うことになりました。ホセは、ヨシの方が年長で且つ先輩でもあるので自分がまずヨシの足を洗おうとしました。するとヨシは、「いや自分の方が先にホセの足を洗う」と優しく言ってあえてそうなさいました。このことは私の霊的な変革を生む体験として今日に至るもなお記憶するところですと言いました。他者との出会いというものは、それがたとえ短い出会いであっても人生を変え信仰を深めるものとなり得るのです。

私の新任の時期、牧会学の授業はヨシの「牧会者ルター」の論文を学生の入門講座の土台として用いさせていただきました。この論文はルターの神学と牧会を土台とするものです。

ヨシ自身がルターを描いた牧会のあるべき姿を自ら体現していたと言えます。

順朗とグロリアが九州ルーテル学院大学の学長に就任すべくシカゴ・ルーテル神学校を去ってから一五年ほど後のこと、（女性会大会の講師としてグロリアの招きで）私は夫ジムと日本へ旅をいたしました。ヨシとグロリアが紹介しくれた日本での滞在は忘れがたい思い出の山。伝統的な温泉、日本食、石田家で過ごした貴重な時、ヨシが牧会した教会を訪ねて嘗ての喜びの一端を垣間見た体験。私どもは惜しみのないおもてなしをいただき、恐縮しました豊かな思いに満たされて、キリストにおける絆は時空によって断たれることがないことを教えられた次第です。

今日のアメリカでは「友情」というものが、キリストにある友情でさえも日に日に薄められていく実情です。それを引き起こすのは、メディアに乗って飛び交う安易な言葉や、他者への恐れ、もてなし精神の喪失、傾聴能力の衰微、共通善追求への意志や忍耐力の崩落などです。このような意欲阻喪の時代のただ中にあってヨシが作り上げようとした絆をこそ記憶すべきでありましょう。その実例として挙げるなら、初期の世界宣教研究所（ＣＣＧＭ）に十分な財政基盤がなかった折にも、教授陣、退職教授、シカゴ・ルーテル神学校、カトリック合同神学校、マコーミック神学校の学生集団の絆が破れなかったことです。この絆を築き結びつけたのが、この時代の責任者であったヨシでした。センターの活動は自発的な奉仕によって運営すべきものとして創立されて、今日もセンターのビジョンは協働者が支え続けているのです。

一九九〇年代、当時未熟だった私に石田順朗博士が教え込んでくださったこと、それはいかに厳しい時期でも、それがたとえ重い責任であっても、常に播くべき種を背負って外へ出ていくことであります、たとえ、涙と共に出ていくときであっても（詩篇一二六）。穏やかな忍耐の中にこそ強さと力が宿り、時間をかけても傾聴を志向し、永続的な関係を築くべく労苦すること。

種まきの成果は蒔く時には想定しえないのではありますが、忠実に種まくことからこそ、神は思いを超えた収穫をもたらしてくださることを信じて良いのです。

私は教授新任の時期でも晩年期にも、キリストにおける絆を体現するこの同僚からの祝福をいただきました。加えて、ヨシとグロリアの結婚生活と奉仕の協働を目にして、私たち夫婦も忠実な伴侶たる精神の体現を目撃し、深く教えられ、同行する伴侶として益するところ大であったと感じています。

このような交わりの賜物に対して敬愛の念と感謝を以ってここに記し、聖霊の御国においては死さえも断ち切れない絆に対して感謝するとともに、私どもの人生がかくも深く祝されたことを感謝いたします。

（シカゴ・ルーテル神学大学牧会学教授）

石田順朗先生の最晩年に立ち会わせていただいて

大柴譲治

石田順朗先生がグロリア夫人と共にＪＥＬＣ保谷教会からむさしの教会に転入されたのは二〇一二年一一月四日でした。先生は一九二八年一〇月六日の誕生でしたから既に八四歳。この地上での生涯の最後をこの教会に託するという決意でむさしのに移られたということと私は受け止めました。それが先生の真剣な眼差しと凛としたお声から伝わってきて、私自身改めて牧師として身が正されるような思いがしたことを昨日のことのように思い起こします。私は、西教区の三原教会で按手を受けたその日（一九八六年三月二一日）から現在に至るまで、「最後を先生にお任せします」と言われるような牧師でありたいと念じてきましたし、そう言われることが牧師冥利に尽きることでもあると思ってきました。しかし果たして私は石田先生のその思いに応えることができたのでしょうか。天国で再会が許されるとしたら、ぜひ先生に伺ってみたいと思っています。日本基督教団の元総会議長であり、議長名で教団の戦争責任告白を公にされ、ガンのためこの地上での生涯を志半ばで終えてゆかれた鈴木正久牧師のテープの説教を思い起こします。それは「自分のような罪人の頭がもし天国に入ることができないとすれば、それはキリストの沽券に関わる」という逆説的な、しかし慰めに満ちた説教でありました。

名著『牧会者ルター』の著者でもあり、優れた神学者かつ神学教師であった石田先生のお名前を私は伺ってはいましたが、一九八〇年四月に三鷹の日本ルーテル神学大学に編入した時には（立山忠浩牧師と山田浩己牧師と同期です）、既に石田先生は三鷹を離れられた後でしたので先生との直接的な接点はありませんでした。しかし私は後に間接的には先生との二つの接点が与えられることになります。一つは、私がフィラデルフィア神学校で学んでいた頃（一九九五年九月―一九九七年五月）、私の奨学金の担当者が先生のご長男である石田順孝フランクリン先生（ＥＬＣＡ牧師）であったということ。もう一つは、石田先生がルーテル神学校で教えておられた「実践神学」（牧会学と説教学、宣教学の三つ）をそのままのかたちで柴田千頭男先生が引き継がれ、そのうちの一つである「牧会学」を私が柴田先生から引き継がせていただいたために、私は石田先生の「孫弟子」ということになるのではないかと秘かに思っていました。授業では『牧会者ルター』を引用しながら神学生たちに、ルターがそうであったように人々のスピリチュアルペインに深く共感する「Pastor's Heart」を持つことが大切と語らせていただきました。石田↓柴田↓大柴ラインというかたちで「燃える柴」のパトスは継承されたのだと私は思っています。

二〇一五年一一月五日に狭山の埼玉石心会病院で天に帰られたのがむさしの教会転入の三年後でした。それまでの三年間、私は石田先生ご夫妻とむさしの教会を通して教会生活を共にする栄誉を与えられました。特に先生には、四ヶ月に一度のペースで主日礼拝で説教檀に立っていただきましたし、最後の二年間（二〇一四年五月号から二〇一六年九月号までの八回）は、隔月刊の『むさしのだより』の巻頭言をも執筆していただきました。石田先生は、腹式呼吸の、あの凛としたよく響く大きな「声」で縦横無尽に例話を引きながら自在に語られる「炎の説教者」でした。若い頃に岸千年牧師の説教の「Repent!（悔い改めよ）」という大きな第一声に震撼させられて以来、八七年間の地上でのご生涯のうち六〇年間を説教者として生き、説教者として死んでゆかれたのだと思います。先生は何よりも説教者としての実存を大切にしておられました。後にご遺族が記念として石田先生の説教CDを作られたことは先生の思いを継承してのことであったと思います。むさしの教会での最後の説教は二〇一五年五月二四日（日）のペンテコステ礼拝での説教でした。その頃の先生は腰に痛みを抱えていて、長時間立つことは困難な状態でした。そのような中で先生は、説教者としての（恐らく最後になるであろう）務めを喜んで引き受けられたのでした。説教後に強い疲労を感じられた先生は着席後、ちょうど来日中で会衆席におられた次男のハンスさんを呼び寄せました。しばらく休まれた後、その日私は三人をご自宅まで車で送らせていただきました。石田先生が最後まで説教者として説教台に立ち続けられたその姿を私は生涯忘れることができないことでしょう。聖霊が石田先生を捉えて牧師として立て、あのよく響く声と学識を用いて最後まで神の言を語らしめたのだと思っています。石田先生を五八年間に渡って支え、影となり日向となって二人三脚の歩みをしてこられたグロリア夫人の存在も覚えたいと思います。夫人の献身的な看病を目の当たりにさせていただくことを通して改めて、お二人の夫婦としての、また信仰の友・同労者としての愛情の深さを教えていただいたと思っています。ご夫妻が病床聖餐式を繰り返し求められたことの中にも、信仰者としてキリストのリアルプレゼンスをどこまでも大切にしようとする信仰者としての深い思いを受け止めさせていただきました。

狭山の病院に移る前に先生は阿佐ヶ谷の河北病院にしばらく入院しておられました。荻窪にある三男ケリーさんの家に滞在中に体調を崩し、近くにある河北病院に入院されたのです。ある時病床を訪れた私に石田先生が語ってくださった言葉が印象に残っています。「先生、人間とは実に弱い存在ですな」。肺の機能が低下して息をすることも苦しい中で、おそらく先生は自身の弱さをも見つめられていたのだと思います。同時にそこからは、パウロの「わたしは弱い時にこそ強い」（Ⅱコリント一二10）という言葉の通り、人間の弱さの中に働くキリストの恵みが確かに伝わってきたように思っています。その後九月末に自宅近くの、信頼するかかりつけの医師がいる埼玉石心会病院に転院され、一一月五日にグロリア夫人の見守る中、八七年間の地上でのご生涯を走り抜いて、静かに天の召しを受けられたのでした。

二〇一六年一一月二九日（日）の午後、神学校のチャペルにおいて、石田順朗牧師の召天記念礼拝を行いました。その時の式次第を末尾に再録しておきましょう。これは、先生ご夫妻とご家族がこれまで関わってこられたＪＥＬＣ武蔵野教会、ＪＥＬＣ保谷教会、ＮＲＫ飯能教会、ルーテル学院大学・日本ルーテル神学校とそのご同僚、ご友人、そして先生のシカゴ・ルーテル神学校での教え子たちが総力を挙げて実現した記念礼拝でした。記念礼拝に先立つプロセッションにおいてて入場したのは、シカゴ神学校での教え子であられた江藤直純教授とティモシー・マッケンジー教授でした。説教者は清重尚弘先生。なかなか豪華なキャスティングの礼拝であったと思いますが、その中心には受肉と十字架と復活のキリストがおられたことを強く感じさせてくれるものであったと思っています。

最後に、二〇一五年九月号の「宣教九一年目のスタートラインで――『むさしの』歴史の担い手の一人として」と題された『むさしのだより』の巻頭言からの言葉を引用して結びとしたいと思います。それは、一〇月四日（日）のむさしの教会宣教九〇年という節目に際しての石田順朗先生の最後の公の言葉であり、遺言であったと思うからです。先生、ありがとうございました。そしてご家族の上に天来の慰めをお祈りいたします。在主。　s.d.g.

（大阪教会牧師）

キリストにおいて世に来臨された神は「時は満ちた」と宣言。無意味に過ぎ行く時が意味を持つようになった。教会の主、キリストなしでは「千年といえども、夜の一時にすぎず」だったが、「キリストと結ばれる人は、新しく創造された者。古いものは過ぎ去り、新しいものが生じる」のである。「あなたの庭で過ごす一日は千日にまさる恵み」を満喫する絶好の機会が訪れる。

石田 順朗牧師　召天記念礼拝

Memorial of Thanksgiving for the Life of Rev. Dr. Yoshiro Ishida

（October 6, 1928 - November 5, 2015）

司式 Liturgy：大柴 譲治 Rev. George J. Oshiba（JELC 武蔵野教会 牧師）
平岡 仁子 Rev. Hiroko Hiraoka（JELC 保谷教会 牧師）
説教 Sermon：清重 尚弘 Rev. Naohiro Kiyoshige（九州ルーテル学院 院長・学長）
聖書 Bible Reading：石居 基夫 Rev. Motoo Ishii（日本ルーテル神学校 校長）
北沢 忠蔵 Rev. Chuzo Kitazawa（NRK 飯能教会 牧師）
石田 順孝 フランクリン Rev. Yoshitaka Franklin Ishida（ELCA 牧師）
奏楽 Organ：苅谷 和子 Ms. Kazuko Kariya（JELC 武蔵野教会 信徒）
独唱 Cantor：中山 康子 Ms. Yasuko Nakayama（JELC 武蔵野教会 信徒）

日時：2015 年 11 月 29 日（日）14 時-15 時 15 分　November 29, 2015
場所：日本ルーテル神学校チャペル Japan Lutheran Theological Seminary Chapel

日本福音ルーテル武蔵野教会

1

01）前　奏　Prelude　　Glory to God in the highest　　J.S.Bach

02）讃美歌　７４１「聖なる翼に」　Thy Holy Wings

03）み名による祝福　Greetings

司）父と子と聖霊のみ名によって　In the name of God, Son, and the Holy Spirit
会）アーメン。　Amen

04）詩編交読　詩編23編　Psalm 23

司）主はわたしの羊飼い、
会）わたしには何も欠けることがない。
司）主はわたしを緑の野に休ませ、
会）憩いの水のほとりに伴い、わたしの魂を生き返らせてくださる。
司）主はみ名にふさわしく、わたしを正しい道に導かれる。
会）死の影の谷を行くときも、わたしは災いを恐れない。
司）あなたがわたしと共にいてくださる。
会）あなたの鞭、あなたの杖、それがわたしを力づける。
司）わたしを苦しめる者を前にしても、
会）あなたはわたしに食卓を整えてくださる。
司）わたしの頭に香油を注ぎ、
会）わたしの杯を溢れさせてくださる。
司）命のある限り、恵みと慈しみはいつもわたしを追う。
会）主の家にわたしは帰り、いつまでも、そこにとどまる。
司）父、み子、聖霊の神にみ栄えあれ、
会）初めも今ものちも、世々に絶えず。アーメン。

05）キリエ　Kyrie

司）主よ、憐れんでください。　Lord, have mercy.
会）主よ、憐れんでください。　Lord, have mercy.
司）キリストよ、憐れんでください。　Christ, have mercy.
会）キリストよ、憐れんでください。　Christ, have mercy.
司）主よ、憐れんでください。　Lord, have mercy.
会）主よ、憐れんでください。　Lord, have mercy.

2

06）祈　り　Prayer

司）　恵み深い神。

今、私たちは、11 月 5 日にあなたのみもとに召された石田順朗牧師を記念しています。あなたが、この者を通して与えてくださったさまざまな恵みを思い起こし感謝いたします。あなたは、み子キリストの死と復活によって、私たちを永遠の死から解き放ち、新しいいのちを与えてくださいました。復活の望みを与えられて召された石田順朗牧師と共に、今ここにささげる私たちの讃美を祝福してください。あなたの慰めと望みとをもって私たちを満たし、召された者と共に復活の恵みに与からせてください。

私たちの主、イエス・キリストによって祈ります。

会）アーメン。

07）聖　書　Bible Readings

ルカによる福音書　Luke 19:28-40　　朗読：石居 基夫　Rev. Motoo Ishii

イエスはこのように話してから、先に立って進み、エルサレムに上って行かれた。そして、「オリーブ畑」と呼ばれる山のふもとにあるベトファゲとベタニアに近づいたとき、二人の弟子を使いに出そうとして、言われた。「向こうの村へ行きなさい。そこに入ると、まだだれも乗ったことのない子ろばのつないであるのが見つかる。それをほどいて、引いて来なさい。もし、だれかが、『なぜほどくのか』と尋ねたら、『主がお入り用なのです』と言いなさい。」使いに出された者たちが出かけて行くと、言われたとおりであった。ろばの子をほどいていると、その持ち主たちが、「なぜ、子ろばをほどくのか」と言った。二人は、「主がお入り用なのです」と言った。そして、子ろばをイエスのところに引いて来て、その上に自分の服をかけ、イエスをお乗せした。イエスが進んで行かれると、人々は自分の服を道に敷いた。イエスがオリーブ山の下り坂にさしかかられたとき、弟子の群れはこぞって、自分の見たあらゆる奇跡のことで喜び、声高らかに神を賛美し始めた。「主の名によって来られる方、王に、祝福があるように。天には平和、いと高きところには栄光。」 すると、ファリサイ派のある人々が、群衆の中からイエスに向かって、「先生、お弟子たちを叱ってください」と言った。 イエスはお答えになった。「言っておくが、もしこの人たちが黙れば、石が叫びだす。」

ルカによる福音書　Luke 15:1-7　　朗読：北沢忠蔵　Rev. Chuzo Kitazawa

徴税人や罪人が皆、話を聞こうとしてイエスに近寄って来た。すると、ファリサイ派の人々や律法学者たちは、「この人は罪人たちを迎えて、食事まで一緒にしている」と不平を言いだした。そこで、イエスは次のたとえを話された。「あなたがたの中に、百匹の羊を持っている人がいて、その一匹を見失ったとすれば、九十九匹を野原に残して、見失った一匹を見つけ出すまで捜し回らないだろうか。そして、見つけたら、喜んでその羊を担いで、家に帰り、友達や近所の人々を呼び集めて、『見失った羊を見つけたので、一緒に喜んでください』と言うであろう。言っておくが、このように、悔い改める一人の罪人については、悔い改める必要のない九十九人の正しい人についてよりも大きな喜びが天にある。」

08）独　唱　Cantor　中山 康子　Ms. Yasuko Nakayama　**"Borning Cry"**（English）

Refrain " I was there to hear your borning cry, I'll be there when you are old. I rejoiced the day you were baptized to see your life unfold."
（「わたしは、あなたが産声をあげるのを聞いていました、あなたが老齢になっても共にいます。あなたが洗礼を受けた日にあなたの人生が拓くの知って、大いに喜びました。」）

全体の要旨「私は、あなたが産声をあげたときから、息を引き取るまでいつも同伴しています。洗礼を受けてあなたが新しい人生を拓くのを喜び、伴侶を見つけたら誓いの言葉を重ね、夜の間もあなたを導き、私が始めたことを成し遂げます。あなたが目を閉じるときにも同伴して、更にもう一つ驚くべきことをします。」

09）聖　書　Bible Readings

ローマの信徒への手紙 Roman 8:31-39
朗読：石田順孝フランクリン Rev. Yoshitaka Franklin Ishida

では、これらのことについて何と言ったらよいだろうか。もし神がわたしたちの味方であるならば、だれがわたしたちに敵対できますか。わたしたちすべてのために、その御子をさえ惜しまず死に渡された方は、御子と一緒にすべてのものをわたしたちに賜らないはずがありましょうか。だれが神に選ばれた者たちを訴えるでしょう。人を義としてくださるのは神なのです。だれがわたしたちを罪に定めることができましょう。死んだ方、否、むしろ、復活させられた方であるキリスト・イエスが、神の右に座っていて、わたしたちのために執り成してくださるのです。だれが、キリストの愛からわたしたちを引き離すことができましょう。艱難か。苦しみか。迫害か。飢えか。裸か。危険か。剣か。「わたしたちは、あなたのために　一日中死にさらされ、屠られる羊のように見られている」と書いてあるとおりです。しかし、これらすべてのことにおいて、わたしたちは、わたしたちを愛してくださる方によって輝かしい勝利を収めています。わたしは確信しています。死も、命も、天使も、支配するものも、現在のものも、未来のものも、力あるものも、高い所にいるものも、低い所にいるものも、他のどんな被造物も、わたしたちの主キリスト・イエスによって示された神の愛から、わたしたちを引き離すことはできないのです。

10）説　教　Sermon　　清重 尚弘 Rev. Naohiro Kiyoshige

11）讃美歌　Hymn　教会 337　「やすかれ　わが心よ」　When Memory Fades

4

12）特別の祈り　Prayer

司）いのちの源である神は、み子イエス・キリストによって、私たちを神の子とし、主を信じる者はたとえ死んでも生きると教えられました。私たちは今、この世の旅路を終えた者が、み手のうちに憩いを与えられていることを信じ、神の恵みを祈り求めましょう。

会）私たちは、今住んでいる地上の幕屋が壊れても、神が備えてくださる家があることを知っています。

司）地上における年が満ちて、天にある民の数に加えられた者が、み子イエス・キリストの赦しと憐れみのうちに、とこしえに主の宮に住むことを、私たちは信じます。

会）それは、人の手によらない永遠の家です。

司）主はご自身私たちを迎えると約束し、「わたしのいる所にあなたがたもいることになる」と言われました。

会）私たちは、今住んでいる地上の幕屋が壊れても、神が備えてくださる家があることを知っています。

司）私たちが嘆きのうちにあるときにも、あなたはいのちと望みとを与えてくださいます。

会）あなたの前には、溢れる喜びがあり、あなたの許には永遠の楽しみがあります。

司）天の父。

私たちのいのちは主と共に、あなたのうちに隠されています。信仰をもってこの世を去った人々が、なお、あなたのみ手のうちに保たれていることを信じて感謝します。なお地上の歩みを続ける私たちも、同じ主の民として保たれ、共に主の恵みをほめたたえることができるようにしてください。

私たちの贖い主、またいのちの主である、み子キリストによって祈ります。

会）アーメン

13）主の祈り　Lord's Prayer

全）天の父よ。
み名があがめられますように。
み国が来ますように。
み心が天で行なわれるように、地上でも行なわれますように。
私たちに今日もこの日の糧をお与えください。
私たちに罪を犯した者を赦しましたから、
私たちの犯した罪をお赦しください。
私たちを誘惑から導き出して、悪からお救いください。
み国も力も栄光も　とこしえにあなたのものだからです。　アーメン。

14）祝　祷　Benediction

司）主があなたを祝福し、あなたを守られます。
主がみ顔をもってあなたを照らし、あなたに恵まれます。
主がみ顔をあなたに向け、あなたに平安を賜わります。
父と子と聖霊のみ名によって。

15）アーメン三唱　Amen, amen, amen.

16）遺族挨拶　Word from Family

17）讃美歌　Hymn　21-379　「この世にあかし立てて」第１節と第８節 Verse 1 and 8.

18）思い出 Omoide / Memories

Mr. Harold Hanson　（友人。代読：石田 順孝 フランクリン）
熊丸 裕也　Dr. Hiroya Kumamaru　（友人。医師）
内藤 新吾　Rev. Shingo Naito　（JELC 稔台教会 牧師）

19）派遣の挨拶　Sending

司）行きましょう、主の平安のうちに。仕えましょう、主と隣人に。
Go in Peace, serve the Lord and neighbors.
会）神に感謝します。　Thanks be to God.

20）後　奏　Postlude　Lift High the Cross　Sydney H. Nicholson (Setting by John Leavitt)

― 食堂に御茶の用意がございますので、お時間のある方はお残り下さい。―
Please have some refreshments in the Refectory.

6

石田順朗牧師 召天記念礼拝 説教

説教者 清重尚弘

敬愛してやまない石田順朗先生が今や地上の御生涯を終え、みもとに召されました。先生を慕う思いはやみ難く、残された私たちの心は悲しみ寂しさに覆われます。しかし、主にある兄弟の皆さん、ルターが言う通りです。「死は人生の終末ではない。生涯の完成」であります。しかも、キリストの福音を信じ、生かされている私どもは、悲しみ寂しさにも打ち勝って余りある勝利の賛美に心満たされるのであります。

また、使徒パウロは言います。

「死よ、お前の勝利はどこにあるのか。

死よ、お前のトゲはどこにあるのか。
死は勝利に呑み込まれた。」（コリント第一・一五54―55）
だから、今こそ、共々に告白いたしましょう。
「主よ　イエスキリストによって勝利を賜る神に感謝しよう」

一　実践し続けた神学者

先生の御生涯を思い起こします。

石田先生のご専門は？　と問えば、「実践神学」という答えが返ってきます。しかし、石田先生については、実践神学とは、神学諸科の中の一部門を書斎で研究し、教室で講じるという意味での神学の専門ということではありませんでした。

石田先生については、名詞形ではなくて、動詞形での意味、すなわち、〝実践し続ける神学者〟であったと申し上げたいのであります。

しかも、実践し続けた舞台は、狭いキャンパスではない、閉じこもった研究室の中ではない。広くアジアへ、さらにはアメリカ、ヨーロッパへ、アフリカへと展開して行ったのであります。主キリストが促し招くままに広くグローバルな舞台へと歩み出ていかれたのでありました。

なぜなら、ただいま読まれたアドヴェントの聖句が語る通り、キリストが石田先生を召した、それに応じたからです。


「主がお入り用なのです」（マタイ二一3）The Lord hath need of him, Ishida.

二　キャリア

先生は、いきなりグローバルな舞台へ飛び出したのではありません。

神学校ご卒業、初めての任地は、当時まだ農村地帯における開拓伝道の稔台教会の牧会でした。ついで、古い歴史のある九州の久留米教会、この久留米時代に不思議な出会いがございました。（グロリア夫人との出会い）。この経緯を話し始めると二〜三時間かかります、どうぞ別の機会に、あるいは、この後のお茶の時間にグロリア夫人から直接伺ってください。

この出会いについて一言のみ。この出会いは、ただの偶然なのか？　いや、その後の石田先生のグローバルなキャリアを考えると、その第一歩の意味ある出会いであったわけです。まさしく人知を超えたお導きによるのだと申し上げることができます。

グロリア夫人、The Lord hath need of you, Gloria!

次のステップとして、海を越えてアメリカ留学、そしてご帰国、今度は市ヶ谷教会に赴任、ここは首都の中心、そこには若者たちの集まる青年伝道の真っ只中、そこに身を置いたのでありました。次には、ここから一転してルーテル教会のグローバルなネットワークであるＬＷＦの一翼を担うべく招きを受け、これに応じます。

さらにのちにはＬＷＦの神学部門のdirectorという要職、ＬＷＦのトップリーダーの一人となられます。この在任中に先生は大きなご貢献をなさいました。

三つだけ挙げましょう。

第一に、南アフリカ連邦の人種差別主義に対して真っ向から「ノー」を宣言したStatus Confessionis文書（信仰告白的事態）の公刊。

第二にローマ・カトリック教会との対話。この長きにわたるプロセスを忍耐強く推進したルーテル側のリーダーのお一人。

第三に、ＬＷＦのアイデンティティ（自己理解）の表明、すなわちＬＷＦは単なる任意の連合体にとどまらず、主キリストの体としての生きた交わりCommunionであるとする自己理解の合意と表明です。これはＬＷＦの機構改革のプロセスを神学的に裏付ける努力であります。これに当時の総幹事 G. Staalsett 博士と手を携えて進めたのでした。

これら三つは、いずれも神学理論の構築、検証の作業を伴うものであり、それに同時並行して実際に生きた相手との対話努力という並々ならぬ実践、これをし「実践し続ける神学者」として石田先生が関わられたのであります。

先生のグローバルなタレントしてのお働きを身近に拝見していて、感じることが二つあります。

第一にアジア人としてのパイオニアのお働きです。当時ＬＷＦは、一九四七年にスタートしてまだ一世代の草創期、まだまだ欧米中心、白人の世界でした。ですから、アジア人でありながら本部、ヨーロッパのジュネーヴのスタッフとして働くことはなかなか容易でない面がありました。先生ご自身がそのことをおっしゃったことがありました。一九九三年アメリカルーテル教会の Global Mission Event に招かれたスピーチで、「私は stranger of strangers（よそ者の中のよそ者）でした」例えば、諸国を訪問した際に、空港で出迎えてくれた人は、ジュネーヴのスタッフだから背の高い人、白人だろうと予想していた、ところが現れたのは小柄なアジア人、驚かれたことが一切ならずありました、と。つまり石田先生は出来上がった舞台の指定席に座ったのではなかった。みずから切り開いていく険しい道を歩んでこられたのでした。その歩まれた跡に、後に続く人の道ができていって、今やＬＷＦは多様性豊かなコミュニオンとなっているのであります。

もう一点。

先生はstrangerでありながら、しかし、いく先々で先生は歓迎され、人々の心を捉えていかれました。その秘密はなんなのでしょう？　それは〝人柄の良さ〟ですね、私はそう思います。先生の優しさ、謙遜、笑顔、センスオブユーモア、ご存知の通りですね。

ジュネーヴの本部では石田先生のグループは和気藹々、親しい家族的な雰囲気のグループであると言われていました。職員が皆生き生きと楽しそうだとの評判でした。

先生の優しさ、謙遜をご家庭でも目撃したことがあります。ジュネーヴの御宅のバーベキューに招かれた日のことです。私の他にゲストとしては国際赤十字の近衛さまご家族もいらっしゃいました。近衛さまの夫人は三笠宮さまのご長女、ご子息は忠大くん。庭の大木にぶら下がってターザンごっこをやってました。石田先生が数日前に上等の肉を買ってくる、それをタレにつけて数日間仕込むのです。お客様は芝生の庭のテーブルの周りで談笑、お相手はもっぱらグロリア夫人、その間バーベキューの担当は石田先生、まめまめしく立ち働かれる。時々グロリア夫人が声をかける。「ヨシロウ、そろそろ肉が焼けたんじゃないの。」「ヨシロウ、飲み物お願いよ。」

ご家庭でのお二人の上下関係は明確でした。グロリア夫人は私にきっぱりとこうおっしゃいましたよ I made him humble.「私がヨシロウを謙遜にしたの。」

先生のセンスオブユーモア、先生はジョークがお好きでした。ユーモア、これが人間の体内を流れる潤滑油のようなもの、人間関係の潤滑油ですね。

例えば、神学部門の理事会、これは真面目で深刻な神学テーマを論じ合う場です。にも拘らずいつも笑い声が絶えない。ジョークも飛び交う。一週間の理事会が無事に終了後には、打ち上げのパーティーを致しました。二時間笑って笑って。director を冷やかす、こき下ろす、誉め殺し。私は司会役を命じられていました。私のブロークン・イングリッシュが笑いを盛り上げる効果ありとの石田先生のご判断だったと思います。

三　死ぬということ

さて、ユーモア、これもまた神様の賜物です。生きる力、ユーモアが元気をくれます、石田先生の最新のご著書のタイトル（『神の元気を取り次ぐ教会』）です。私たちは生きるために神さまからユーモアをいただいています。また、みなさん、死ぬことに対してもユーモアのセンスが力になります。石田先生は元気について語り書き残しただけではない、生きる上にも、死に向かう時にもユーモアの与える元気を実践してくださったのであります。

こういうことがありました。

先生は九月から入院の日々を送られました。その間にもユーモアを忘れませんでした。グロリア夫人から楽しいお二人の会話について伺いました。

大柴先生から石田先生のご入院を伺い一〇月三〇日にようやく私はお見舞いに参りました。「清重です」とご挨拶いたしましたら、先生はお分かり下さって、しっかり握手してくださいました。お見受けするところ、点滴を受けご不自由な姿勢で痛みに耐えていらしゃるご様子でした。しかし、この苦痛の只中においてもキリストへの信仰は微動だに揺らぐことがないことを示してくださったのでありました。

グロリア夫人は気丈な方で、めげることがない、くよくよジメジメしない方です。こまごまとお心遣いをなさっておられました。その中で、私のそばに寄って仰いました。「ヨシロウがすぐに召されることを私は決して望まない、しかし、あまり苦しまないで安らかに行くことを願ってもいるのよ」と、涙なさったのでした。

それから毎日、電話でご様子を伺いました。一一月四日のことでした。グロリア夫人のお電話の声が弾んでいました。「今日はヨシロウがとても調子よかったのよ。美味しいものを食べて、しかもおかわりまでしたの。その上ジョークまで言って二人で笑ったの」そのジョークは聞けば他愛もないことと言えばそうです。看護婦さんに用があってグロリアさんがナースのステーションへ行った。あいにく看護婦さんたちのミーティングの最中でした。部屋に帰ってヨシロウにそう言うと「あの人たち、しょっちゅうミーティングしてるんだね、まるで昔の私みたいだね」それで二人で笑いあったということです。その翌朝でした。電話をいただきました。「夜半に召されました」とのこと。思えば、お二人の最後の場面がジョークと笑い。まさしく神様のお二人へのプレゼントであったのだなあと思ったことであります。

ルターは「死とは発見することである」と記しています。石田先生がご著書『牧会者ルター』でこの言葉を引用なさっています。どういうことか？　自然死というもの、例えば動物の死、これは分かりきったこと、自然現象であります。知的に理解しうる。しかし、いざ自分自身の死となると、これは初めて出会うことであります。ティリッヒが言うように、the unknown 未知なるものであります。だから、発見することとなるのであります。

クリスチャン作家三浦綾子さんが晩年に仰ってます。「私にはまだ死ぬという仕事がある」この仕事、死を発見するという仕事が、実践し続けた神学者石田先生の最後の神学的課題でありました。

近年、「終活」が話題にのぼります。先生ご夫妻は二〇年以上前からご葬儀について折々話し合っておられました。「私の葬儀は暗いジメジメしたものにしない、勝利を祝う式にしたい。説教は清重さん貴方にお願いしておきますよ」私は冗談として笑って相槌を打っていました。

本日のこの式、グロリア夫人の御希望、先生ご自身のご遺言に添いつつ大柴先生が準備してくださいました。いかがでしょう？　白の式服に赤のストール、ご覧の通りです。参列の皆さまも黒服不要、勝利の祝いの式であります。

四　ひとすじの道

先生のチャレンジに次ぐチャレンジのご生涯は次々と住処を変えて目まぐるしく飛び回る、まるで牛若丸のような人生でありました。ジグザグのコースのように思われるかもしれません。

しかし、皆さん、これは主キリストの召しに応えて歩み続けた歩みでありましたから、その後を見ると、そこには、すっきりとした、ただ一筋の道が残っているのであります。「主がご入り用」という召しの声にひたすら応え従って行かれた一筋の歩みなのであります。

行く先々で国境を越え、文化、言葉を超えて人々に喜んで迎えられた先生、そこで家族的な暖かい交わりに囲まれる恵みに与りました。他方、先生ご自身のご家庭はどうだったか？

実はこれが石田先生ご自身の心の痛みでありました。先生はご著書の結びに記していらしゃいます。「私は牧会を取り扱いながら家族への責任をおろそかにしてきた。であればこそ、私を支えてくれた家族に感謝する。妻グロリアと五人の子どもたちにこの本を献じたい。よしたか、じゅんじ、よしゆき、よしひろ、そして、のぞみ」

結び

先ほどの聖句ロマ書八章、これは石田先生がご自分の葬儀のためにお選びになっていた聖句です。「誰がキリストの愛から私たちを引き離すことができましょう」続けてパウロは言います。「み子をさえ惜しまずに死にわたされた神が私たちの味方であるのだから、全てのものを賜らないはずがあろうか」そしてもう一度力を込めて言い切っています。

「私たちのキリストイエスによって示された神の愛から私たちを引き離すことはできないのです」アーメン、しかり！

皆さん、残された私たちは今確かに知っています。

ヘブル書にある通りです。私たちは「雲のようにおびただしい証人の群れに囲まれています。全ての重荷や絡みつく罪をかなぐり捨てて競走を忍耐強く走り抜きます」

皆さん、私たちを取り巻くその証人にもう一人のお顔が加わっています。見えますか。敬愛する恩師、石田順朗先生のあのお顔です。声が聞こえますか。

「神様の元気をいただきなさい。神様のその元気を共に分かち合いなさい。」

先生のこの言葉を改めてしっかりと聞き心に刻みつつ、私たちもそれぞれの馳せ場を元気に走り続けて参りましょう。それが先生へのご恩返しとなり、また、先生を通して御愛を届けてくださった神様への感謝となりますように。

わたしたちの上に、そして石田先生のご家族の上に神の豊かな祝福が限りなくありますように。

（九州ルーテル学院大学 前院長・学長）

日本ルーテル神学校卒業式

岸千年先生と（日本ルーテル神学大学卒業式にて）

シカゴ・ルーテル神学大学学位授与式で式辞を述べる（1987 年 6 月）

石田順朗先生略歴

1928 年 10 月 6 日	沖縄県宮古島に生まれる
1953 年 3 月	日本ルーテル神学校卒業
1953-55 年	千葉県・稔台教会伝道師
1955 年 3 月	按手
1955-59 年	福岡県・久留米教会牧師
1959-61 年	北米シカゴ・ルーテル神学大学大学院修士課程留学
1961-63 年	東京都・市ヶ谷教会牧師（着任は 1962 年 2 月）
1964-68 年	ルーテル世界連盟（LWF・ジュネーブ）世界宣教局主事
1968-69 年	北米シカゴ・ルーテル神学大学大学院博士課程留学
1969-78 年	日本ルーテル神学大学教授、学長代行（77-78）
1974-75 年	北米神学校訪問教授
1977-86 年	ルーテル世界連盟（LWF・ジュネーブ）神学研究局長
1986-94 年	シカゴ・ルーテル神学大学教授、世界宣教研究所長
1994-98 年	九州女学院短期大学学長
1997-2001 年	九州ルーテル学院大学学長
2001-08 年	愛知県・刈谷教会で牧会委嘱
2015 年 11 月 5 日	死去

シカゴ・ルーテル神学大学神学修士（1961 年）

シカゴ・ルーテル神学大学神学博士（1971 年）

北米・セント オラフ・カレッジ 名誉神学博士（1974 年）

中国・桂林師範大学 名誉教授（1997 年）

ヴィッテンベルク国際賞（ワシントン・ルーサー・インスティチュート、1997 年）

シカゴ・ルーテル神学大学同窓会功労賞（2000 年）

九州ルーテル学院大学名誉学長（2002 年 3 月）

Yoshiro Ishida, STM, Th.D., Th.D. (hono. causa)

1. Graduate studies in U.S.A.; Master's (1961) and Doctorate in Theology (1971); Honorary Th.D. (St. Olaf College 1974).
   Wittenberg International Award (Washington D.C., 1997)
   Honorary Professorship (Guangxi Normal University, Guilin, China 1997)
   LSTC Distinguished Almini/ae Award (Chicago 2000)
2. Secretary for Asia, Dept. of World Mission, The Lutheran World Federation in Geneva, Switzerland (1964–68)
3. Professor, Missiology and Homiletics, Japan Lutheran Theological College, Tokyo 1969–1978. Interim President 1977–78.
   Director of Department of Studies, The Lutheran World Federation in Geneva, Switzerland (1977–86)
   While serving on the LSTC Faculty as the Director of the Center for Global Mission (1986–94), planned and coordinated the ELCA Summer Missionary Orientation in Hyde Park, Chicago (1988–93), which eventually included participation not only from the Lutheran Church, but from Presbyterian USA, Louisville, Roman Catholic missions, and the Episcopal Church as well.
   President of Kyushu Lutheran College (1997–2001)
4. President Emeritus and the Pastor in Residence in Kariya (2001–08)
5. Pastorates in Japan: Minoridai,Chiba; Kurume, Fukuoka; Ichigaya, Tokyo
6. Numerous books and articles published.

あとがきにかえて

本書は先の『神の元気を取り次ぐ教会——説教・教会暦・聖書日課・礼拝』（二〇一四年三月刊、リトン）に次ぐ、亡き石田順朗先生が遺してくださった書である。先生は前書についで直ちにもう一冊の出版の構想をお持ちで、精力的に筆を進めておられた。先生ご自身のこの書の出版への思いは「まえがき」にあるとおりである。

「終わるまで健康を維持しなければ」と自らに言い聞かせて、日々にウオーキングや屈伸運動などを自らに課しておられたとグロリア夫人から伺っている。しかし、原稿をほぼ完成するというころで、病を得てやむなくご入院となり、最終段階の推敲を全うせずに召されることとなった。哀悼のうちに、先生のご恩にあずかったものたちが感謝しつつ、いかにかしてご遺志に応えたいとの思いを語り合い、ことにもグロリア夫人の篤い思いに促されて、先生のご遺稿を忠実に、形を整えつつ、この形での出版に至った次第である。

本書は副題に「神学的自伝」とある通り、先生の青年時代のキリスト教への帰依から、後のグローバルなキリスト教界への飛躍、活動、奉仕に至る歩みが第一人称で綴られている。先生は日頃あまり自らの業績を語らないお人柄であったので、グローバルな世界をわが庭のように活躍なさった先生を、国内の我々はあまり知らずにいた。この書によって、先生の多面的なお働きが披瀝され、読むものは新たな思いでその幅の広さ、深さを知ることができる。生前にもっと教えを乞うておけばよかったのにとの思いが募る。読者諸氏も同感であるまいか。

その内容についてはここに繰り返すことは要るまい。本書をお読みいただく通りである。

本書の構成について一言。

この書の本体は先生ご自身の論考である。

加えて「補遺」の形で巻末にページを割いて、寄稿集を載せた。これらが自伝を補う貴重な証言集となれば幸いである。

ここには、グロリア夫人執筆による若き先生の歩み「旅路の始まり」に添えて、ご生涯を物語る写真のページ、続いて、先生に親しく接する折を得た方々による献呈の言葉数編を収めることができた。多忙の中、寄稿依頼を快諾していただき感謝に堪えない次第である。終わりにはご葬儀の式次第を記念として掲載した。キリストに捕らえられ導かれて歩まれた先生の地上での長い旅路の終結点の墓標の意味である。

補遺の中のグロリア夫人による「旅路の始まり」に付言しておきたい。

ここから夫人の特別の思いを読み取っていただけるであろう。夫人は、先生の半生をつぶさに追跡し、このような形でまとめてくださった。中でも焦点を当てたのが受洗であった。先生のキリスト者としての原点たる「受洗」の恵みの出来事を歴史として確定しておきたいと、八方手をつくして探索なさった。というのは、受洗当時は戦後の激動の時代であって、教会の記録などが散逸、授洗者は宣教師であったと先生自身の口から聞いてはいたものの、果たして当時宮古島に宣教師が着任していたのか？などなど確定の術がない。現地との問い合わせを繰り返すが未解決におわった。もしかすると神学校入学資料の中に何か記録があるのではと申し上げておいたところ、後に夫人が江藤学長に直接伺い、保存書類の中に先生の受洗の記録を見つけていただいたのである。「私は大学の専門が歴史だったから」

と、客観的なエビデンスを探し求める懸命な探索が遂に実った瞬間の夫人の喜びは実に深いものであった。

今回の出版については、先の出版に続いて、リトンの大石昌孝氏の全面的な支援をいただくことで実現に至ることができた。お陰様で先生の遺筆がこのような形で世に出ることとなった。偏に氏のお力によるものである。また、本書収録の写真のデータ化、装丁にはグロリア夫人のご要望により市ヶ谷教会の中川浩之氏のお世話になったことも記し感謝申し上げたい。

欠ける点の多々あることを恐れるものである。これらは未熟な編者の責を負うべきもの、ご寛恕を願うのみである。にも拘わらず本書が多くの読者諸賢の益となるよう切に祈っている。

宗教改革五〇〇年記念日を前に

清重尚弘

著者紹介
石田　順朗（いしだ　よしろう）

1928 年、山口県生まれ。
日本ルーテル神学校卒業、シカゴ・ルーテル神学大学大学院卒業。日本福音ルーテル稔台、久留米、市ヶ谷各教会牧師、日本ルーテル神学大学教授、ルーテル世界連盟神学研究局長、シカゴ・ルーテル神学大学院世界宣教室室長を経て、九州ルーテル学院大学学長、刈谷教会牧会委嘱。
日本福音ルーテル教会引退牧師、九州ルーテル学院大学名誉学長、神学博士。
2015 年 11 月 5 日、死去。

著書　『エペソ人への手紙・ピリピ人への手紙・コロサイ人への手紙講解』（共著、信徒のための聖書講解 10、聖文舎、1961 年）、『教会の伝道』（聖文舎、1972 年）、『牧会者ルター』（聖文舎、1976 年、復刻版、日本キリスト教団出版局、2007 年）『神の元気を取り次ぐ教会』（リトン、2014 年）
訳書　ジョージ・フォレル『決断の倫理──キリスト教倫理入門』（聖文舎、1962 年）

ルーテル教会の信仰告白と公同性
──神学的自伝

発行日　2017 年 10 月 31 日

著　者　石田順朗
発行者　大石昌孝
発行所　有限会社リトン
101-0061　東京都千代田区三崎町 2 -9-5-402
FAX 03-3238-7638
印刷所　互恵印刷株式会社

ISBN978-4-86376-061-5

四六判並製　182 頁
定価 1,200 円＋税
ISBN978-4-86376-035-6 C0016

『本のひろば』2014 年 6 月号書評より

本書の読みどころとして二点を挙げたい。

第一. その教会観において、教会を「聖徒の会衆」（アウグスブルク信仰告白第七条）、「兄弟たちの共同体」（バルメン宣言第三項）という宗教改革以来の告白を継承する「信徒の教会」として受けとめ指向していること。本書は何よりも、教会の信徒に読んでもらい、信徒に伝道の主体となってもらおうという著者の願いによって著されたということである。「教職のわざと立場をば、信徒の側から見るべきである。教会の伝道にたずさわる信徒群の具体的な状況、またその訴求に即して考えなければならない」（『教会の伝道』）という若き日の著者の志向は、本書に至るまで一貫している。

第二. キリスト者の生活を導く「聖書日課」（ペリコーペ）の大切さについて教えられた。ボンヘッファーが、ヘルンフート兄弟団の「日々の聖句」（ローズンゲン）に導かれて、アメリカから大戦直前のドイツへの帰国を決断したことが思い起こされる。

（森野善右衛門＝日本基督教団関東教区巡回教師）

マルチン・ルター——原典による信仰と思想
■徳善義和 編著
A 5 判上製　239 頁　定価 3,000 円＋税　ISBN978-4-947668-64-6

教会とはだれか——ルターにおける教会
■石居正己 著
A 5 判上製　311 頁　定価 3,000 円＋税　ISBN978-4-947668-74-5

神の仮面——ルターと現代世界
■江口再起 著
A 5 判上製　267 頁　定価 3,000 円＋税　ISBN978-4-86376-003-5

ルターと死の問題——死への備えと新しいいのち
■石居正己 著
46 判並製　203 頁　定価 2,000 円＋税　ISBN978-4-86376-002-8

ルターの慰めと励ましの手紙
■ T. G. タッパート 編・内海　望 訳
A 5 判上製　461 頁　定価 6,000 円＋税　ISBN978-4-947668-76-9

手をあわせて　心をあわせて
■内海　望／南里卓志／内海季秋 著
B 6 判並製　175 頁　定価 1,800 円＋税　ISBN978-4-947668-67-7

［ルター選集 1］**ルターの祈り**
■石居正己 編訳
46 判上製　119 頁　定価 1,200 円＋税　ISBN978-4-86376-032-5

もうひとつの十字架の神学——21 世紀の宣教論
■マーク・W. トムセン 著　宮本　新 訳
46 判並製　221 頁　定価 2,000 円＋税　ISBN978-4-86376-014-1